This book belongs to :

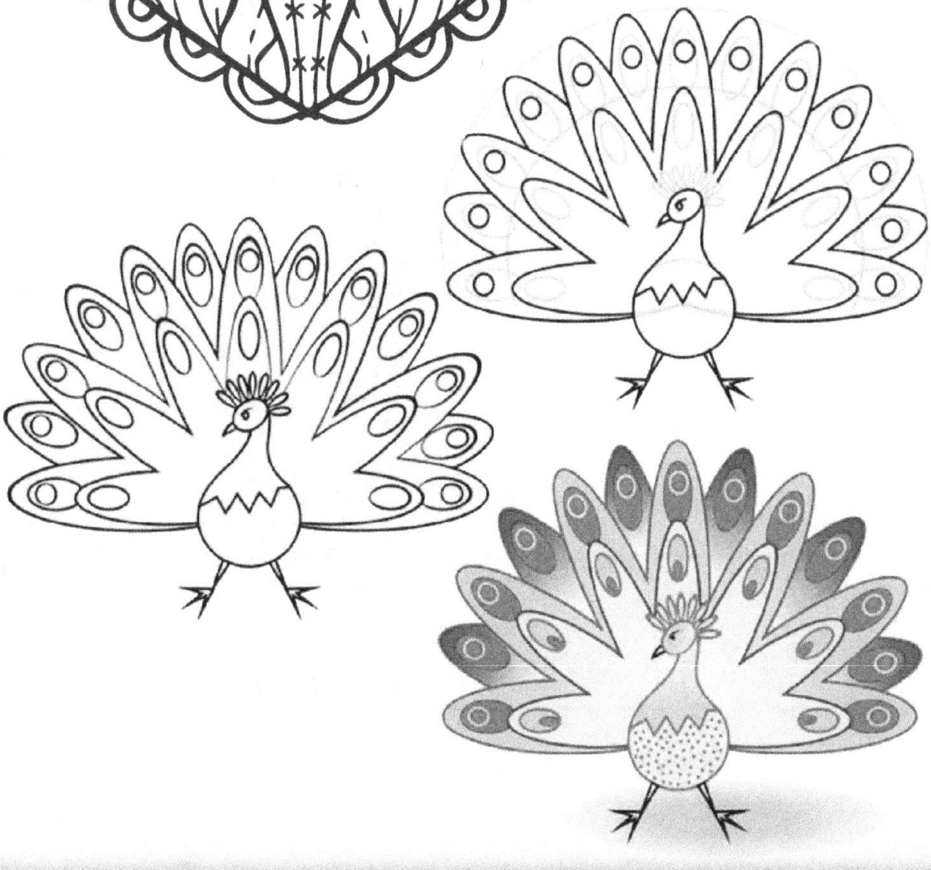

_____

_____

_____

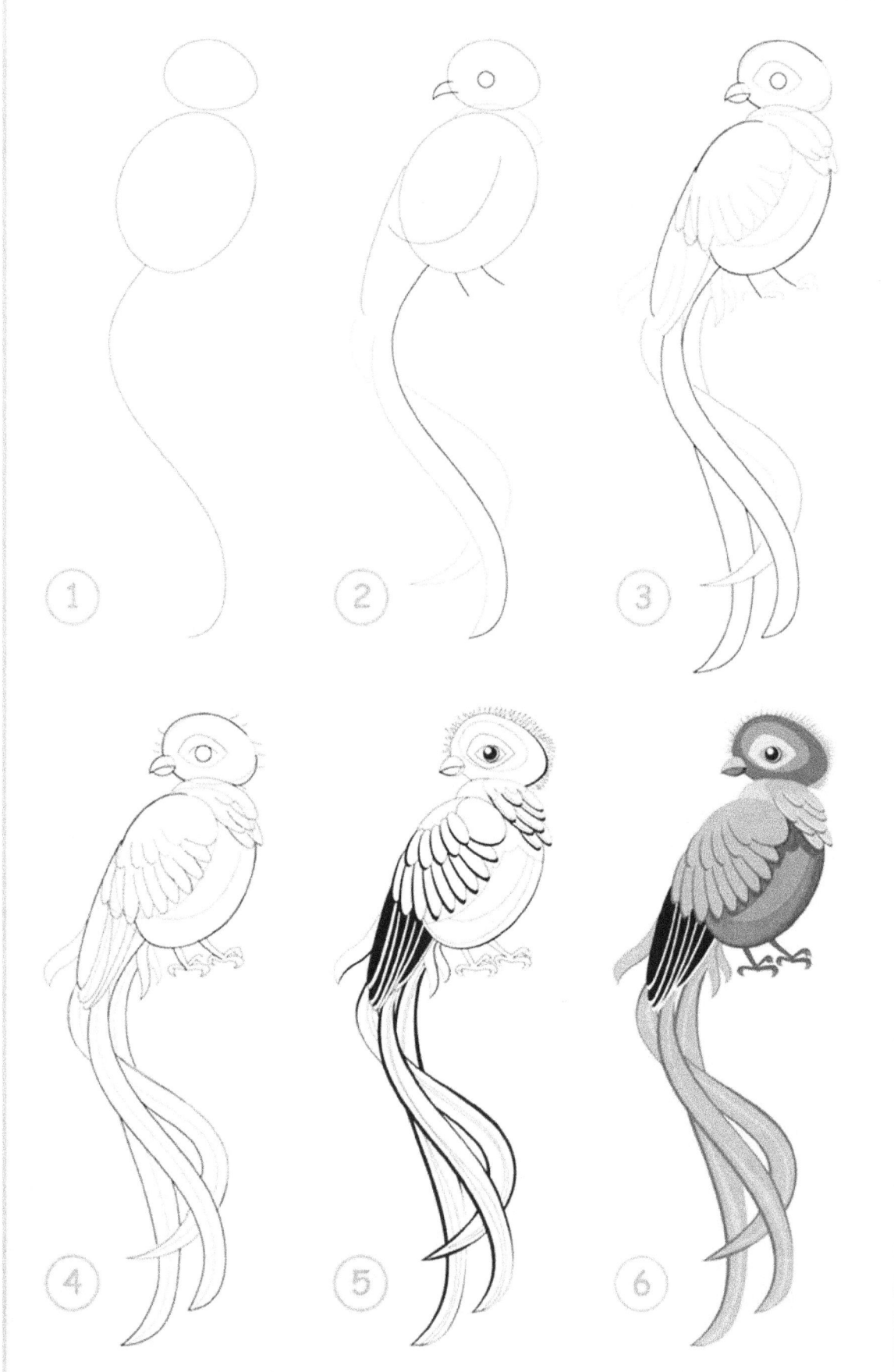

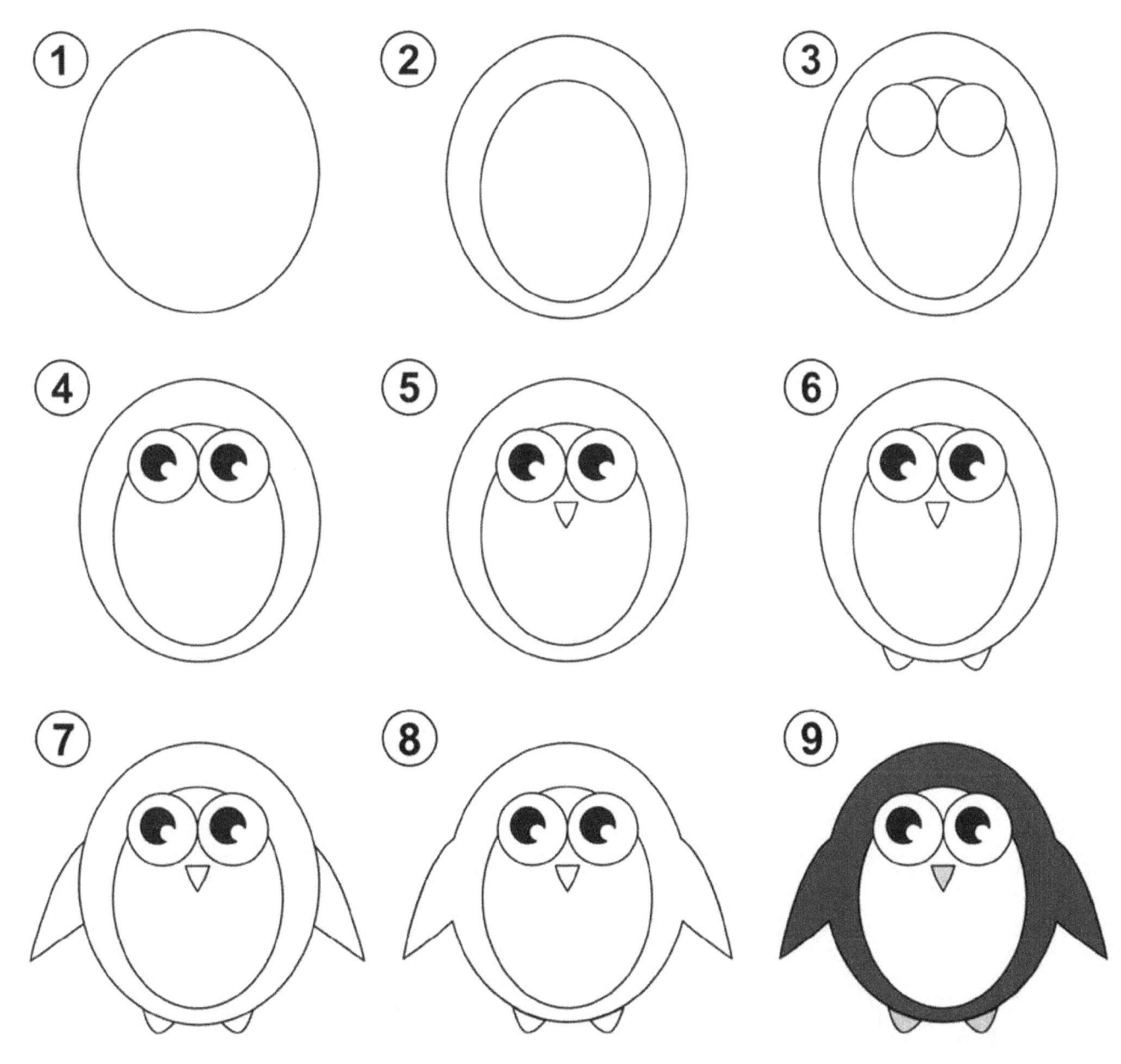

It's Time to Draw

Your Name
_____

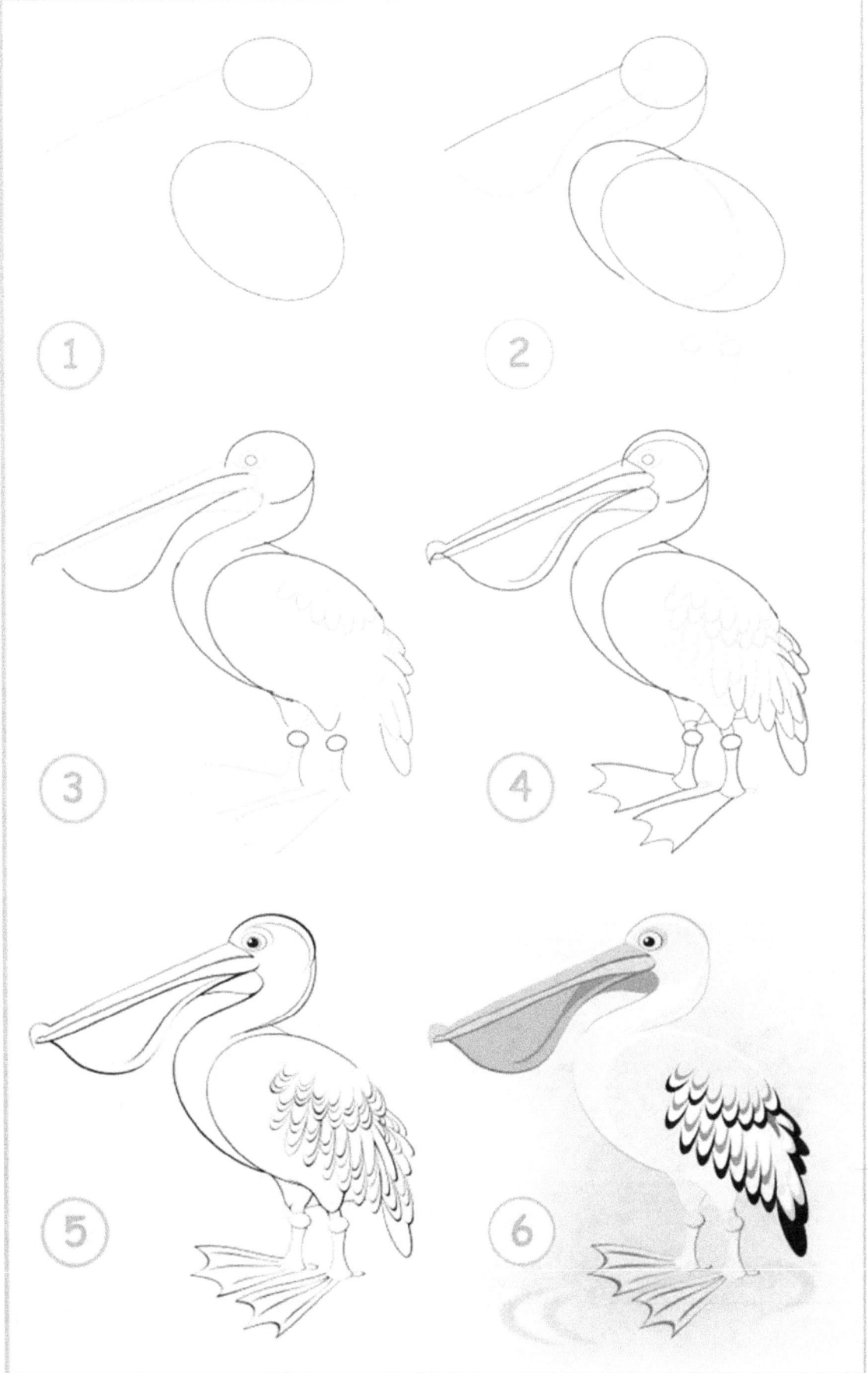

It's Time to Draw

Your Name
_____

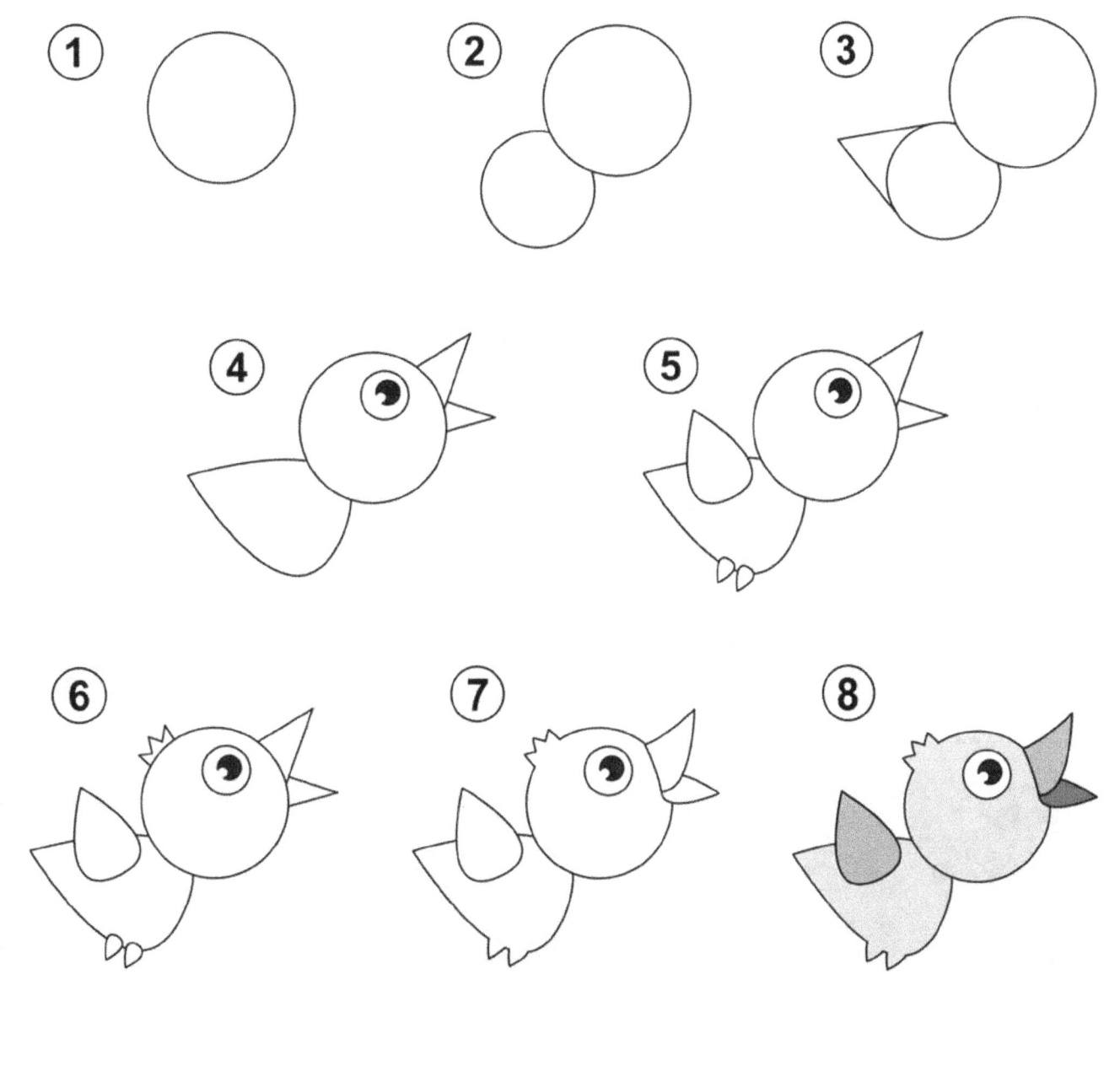

It's Time to Draw

Your Name

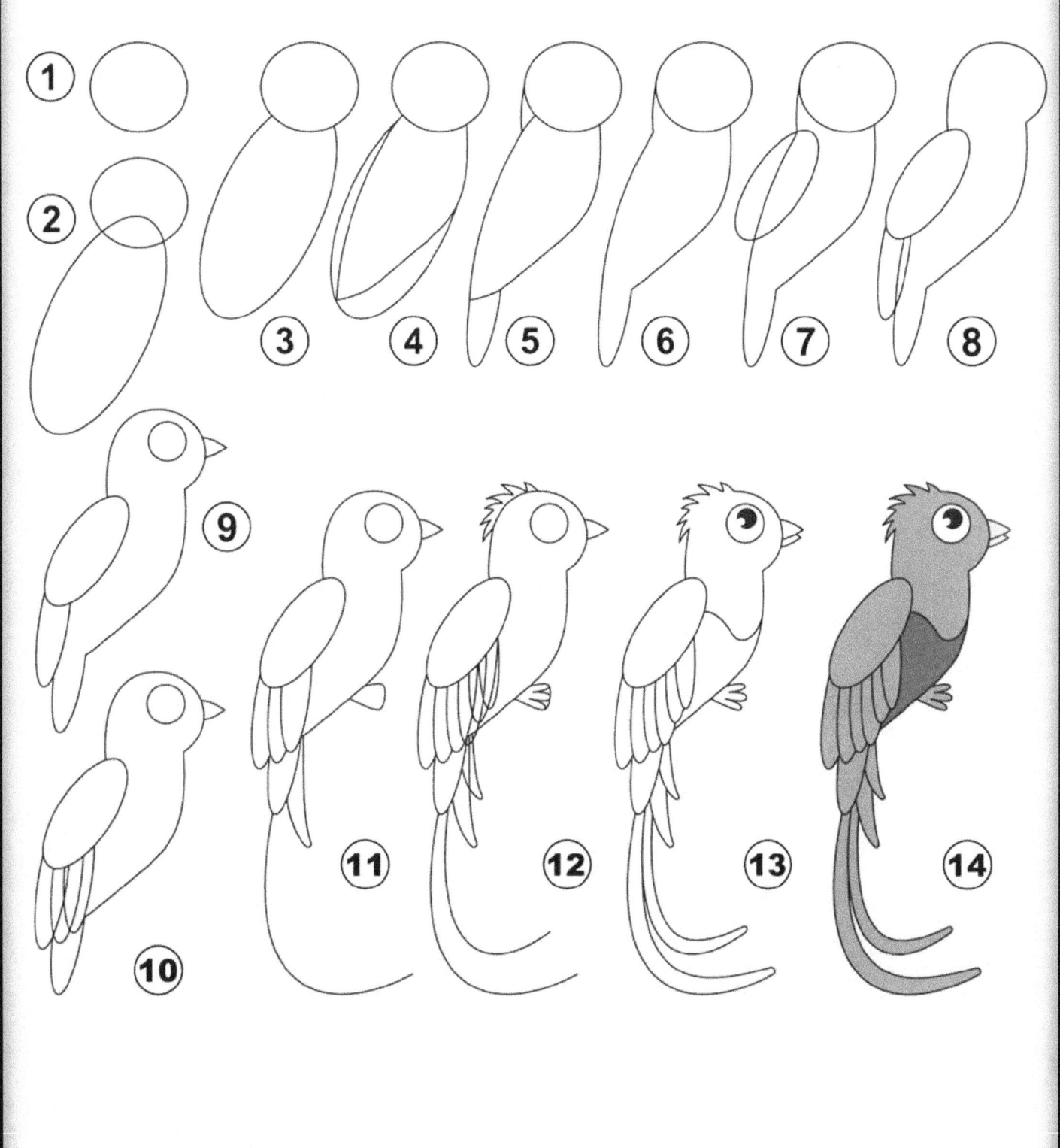

It's Time to Draw

Your Name

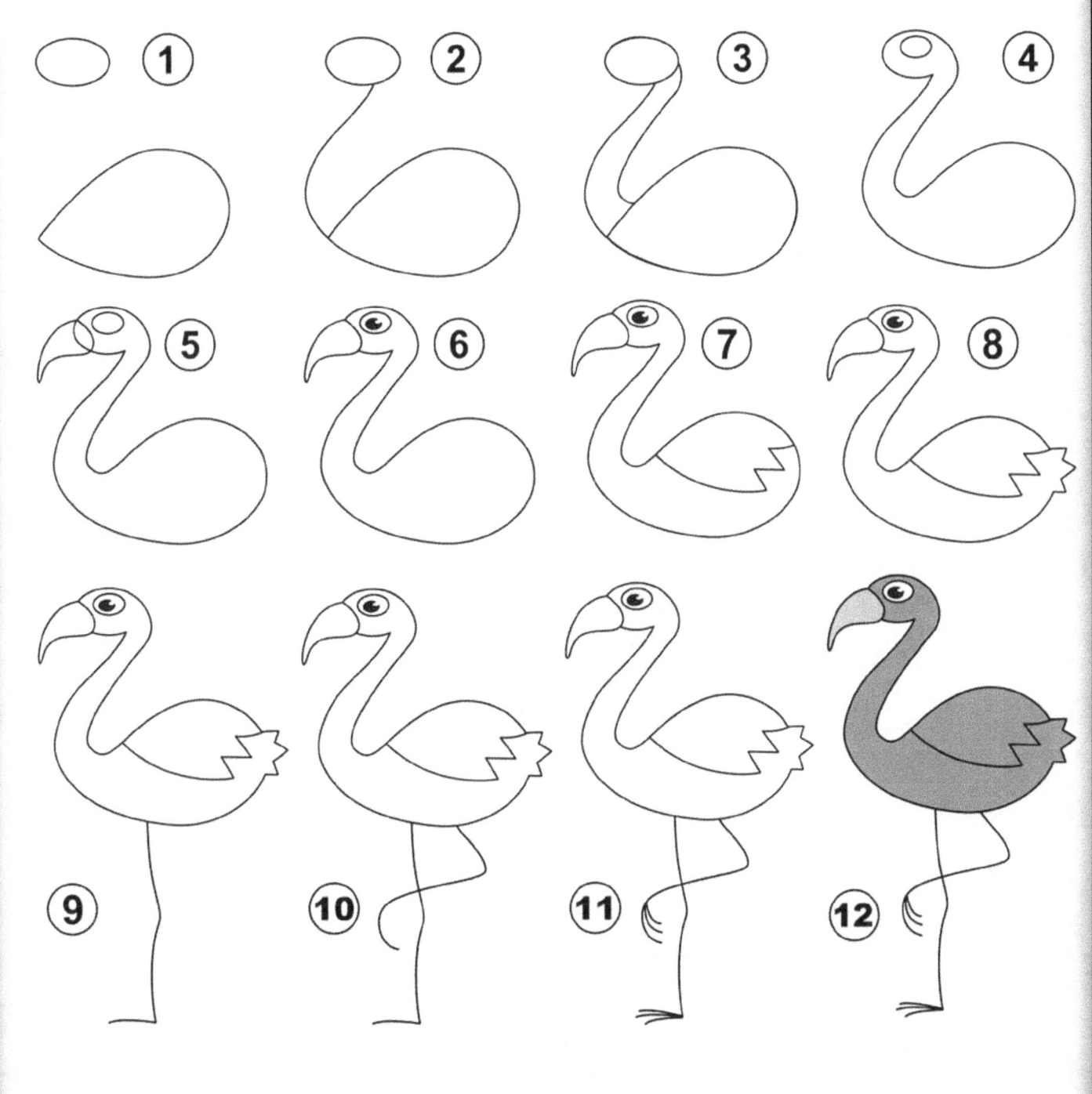

It's Time to Draw

Your Name

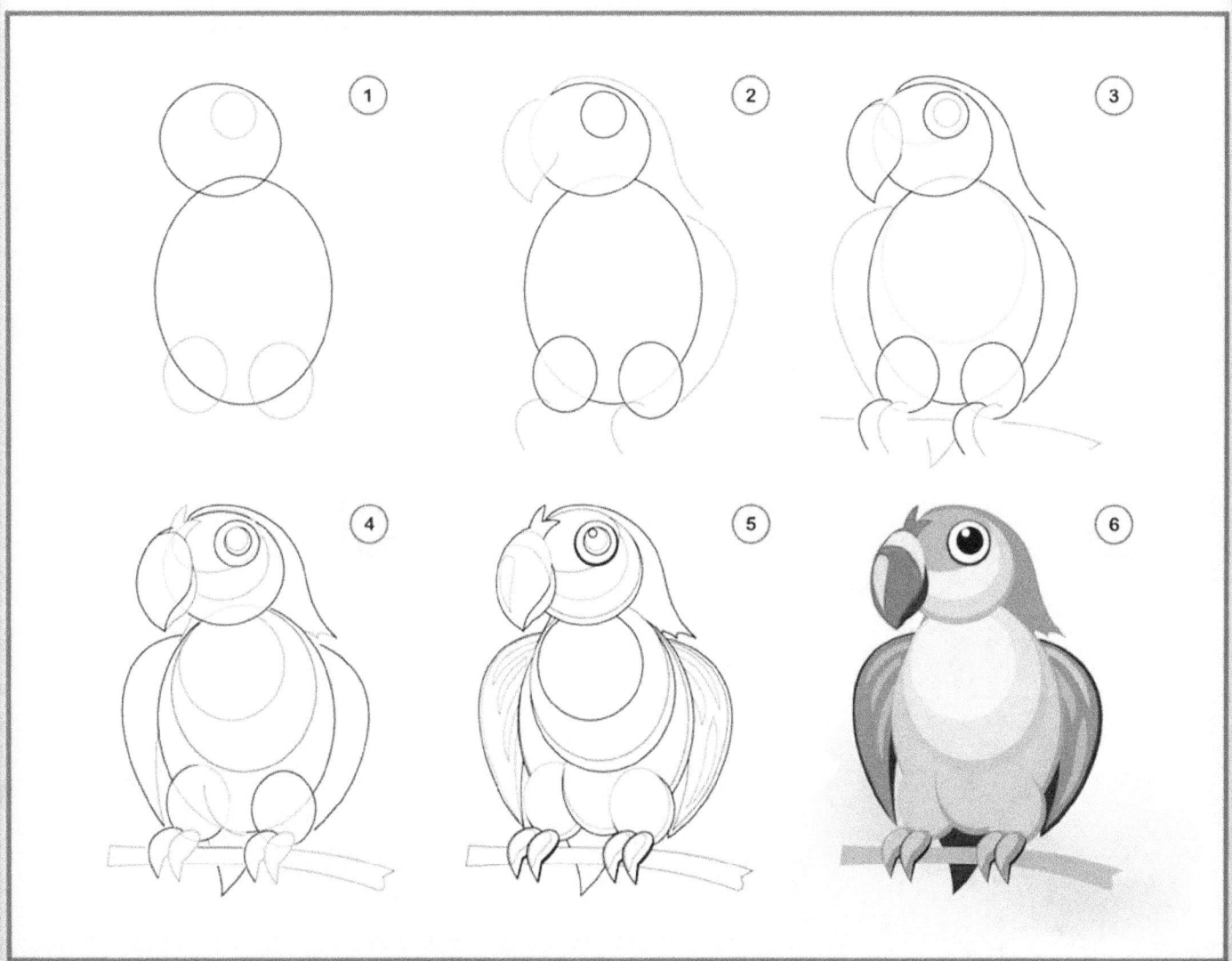

It's Time to Draw

Your Name

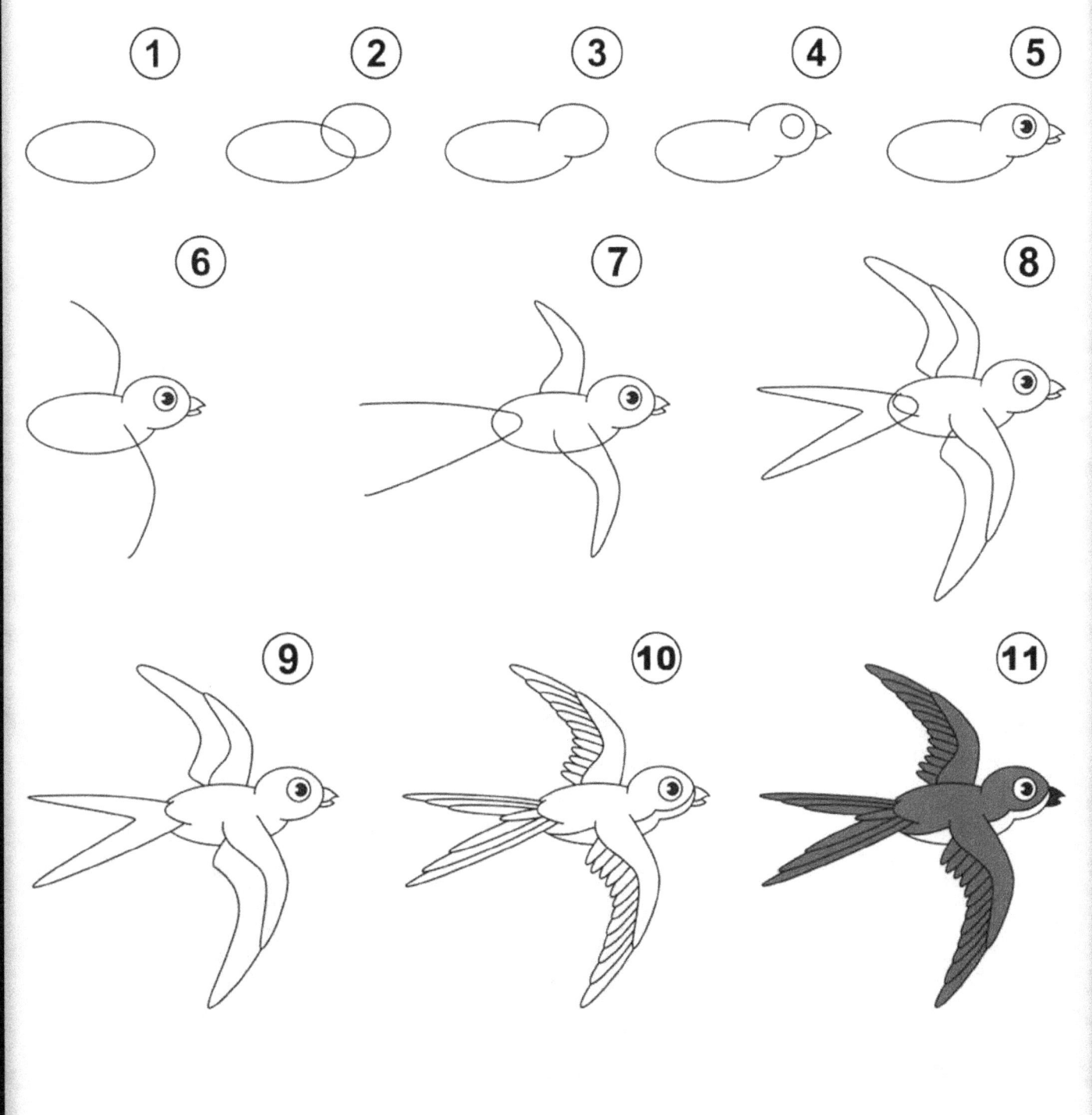

It's Time to Draw

Your Name

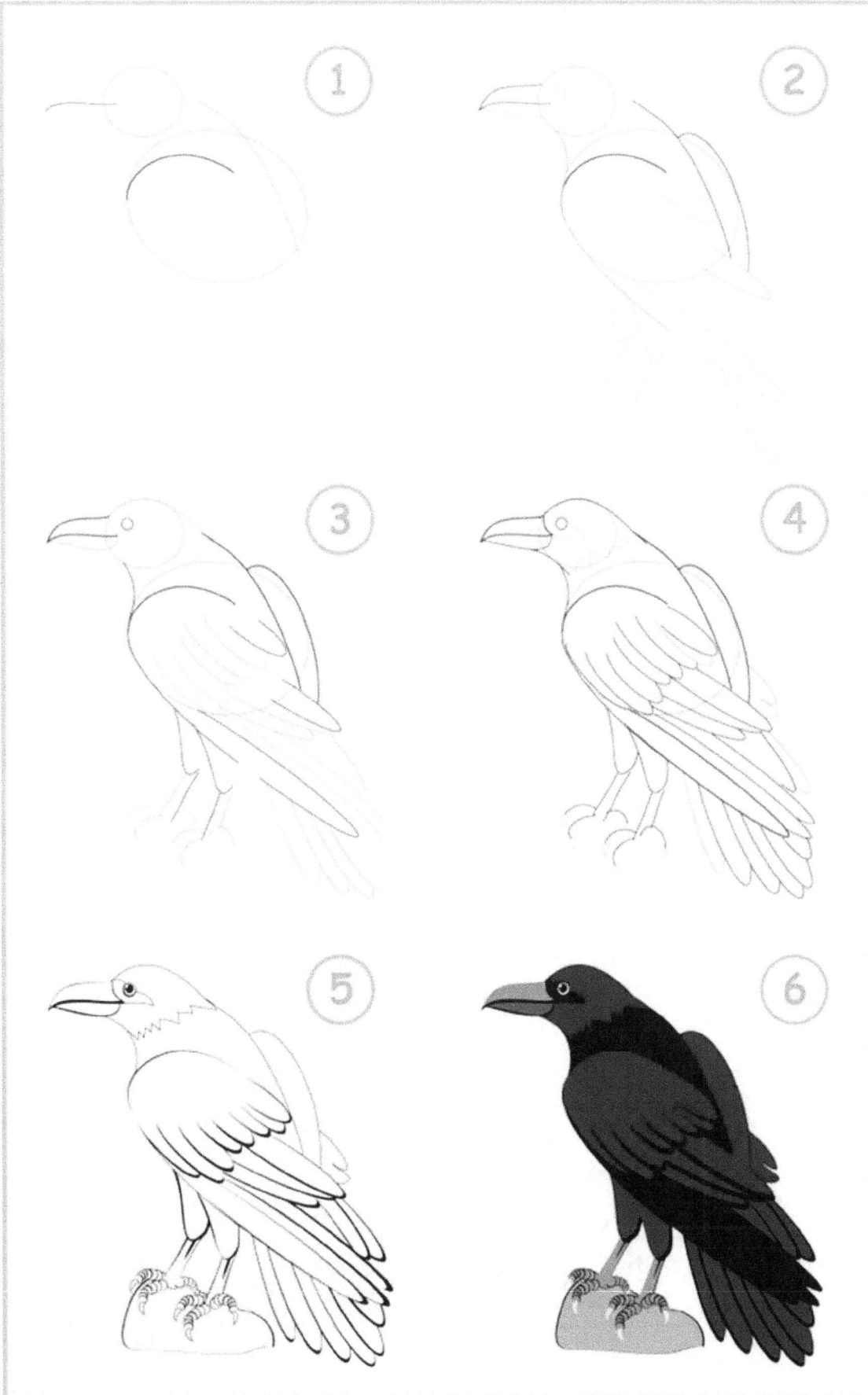

It's Time to Draw

Your Name
_____

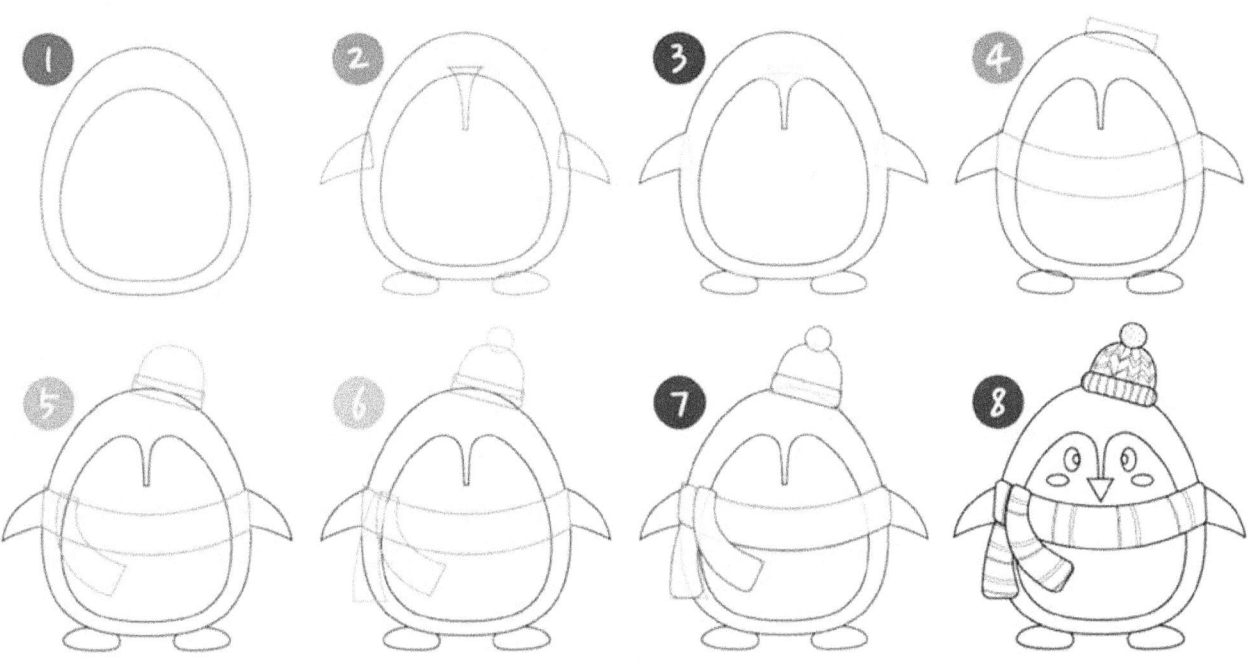

It's Time to Draw

Your Name

_____

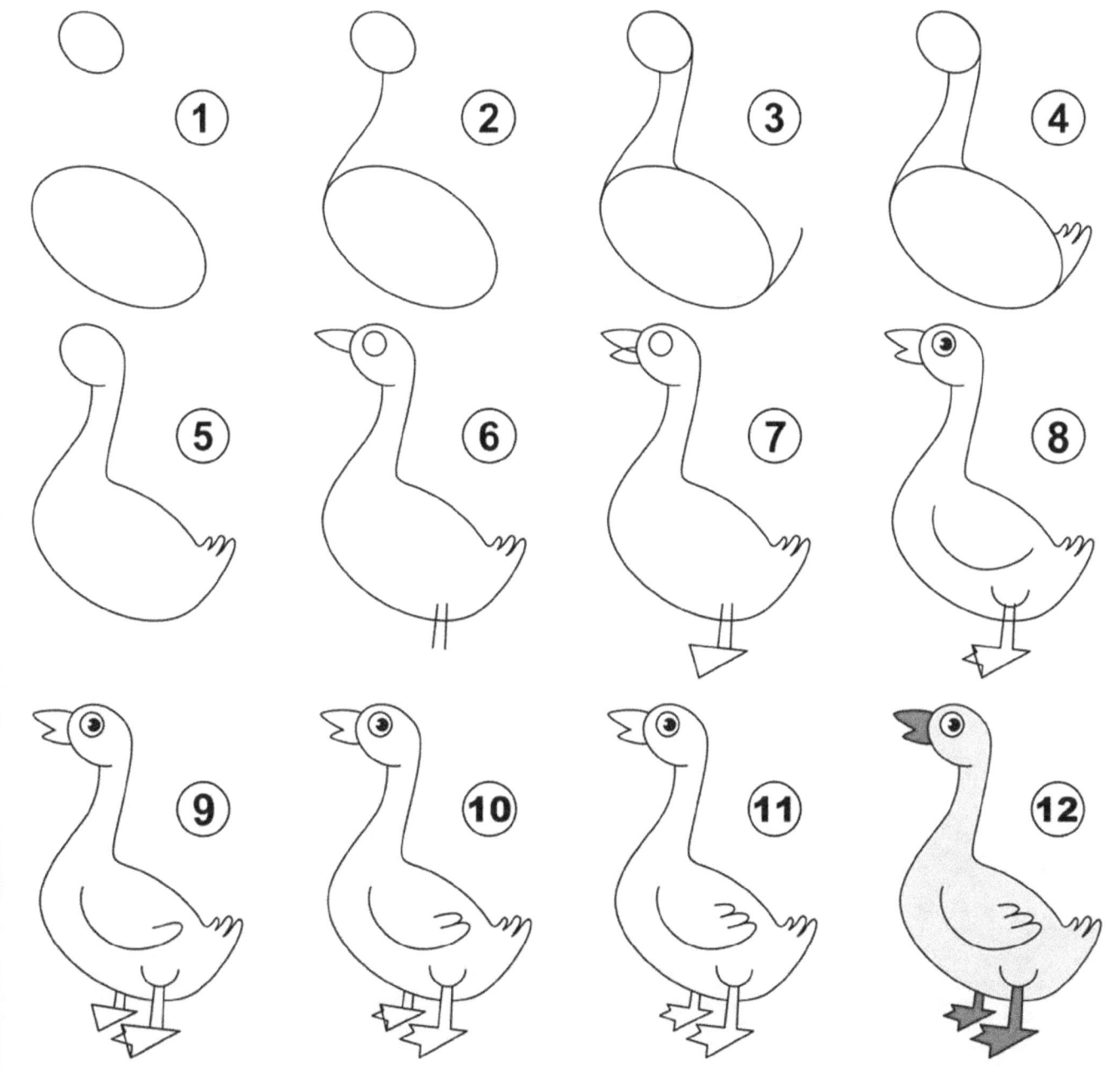

It's Time to Draw

Your Name

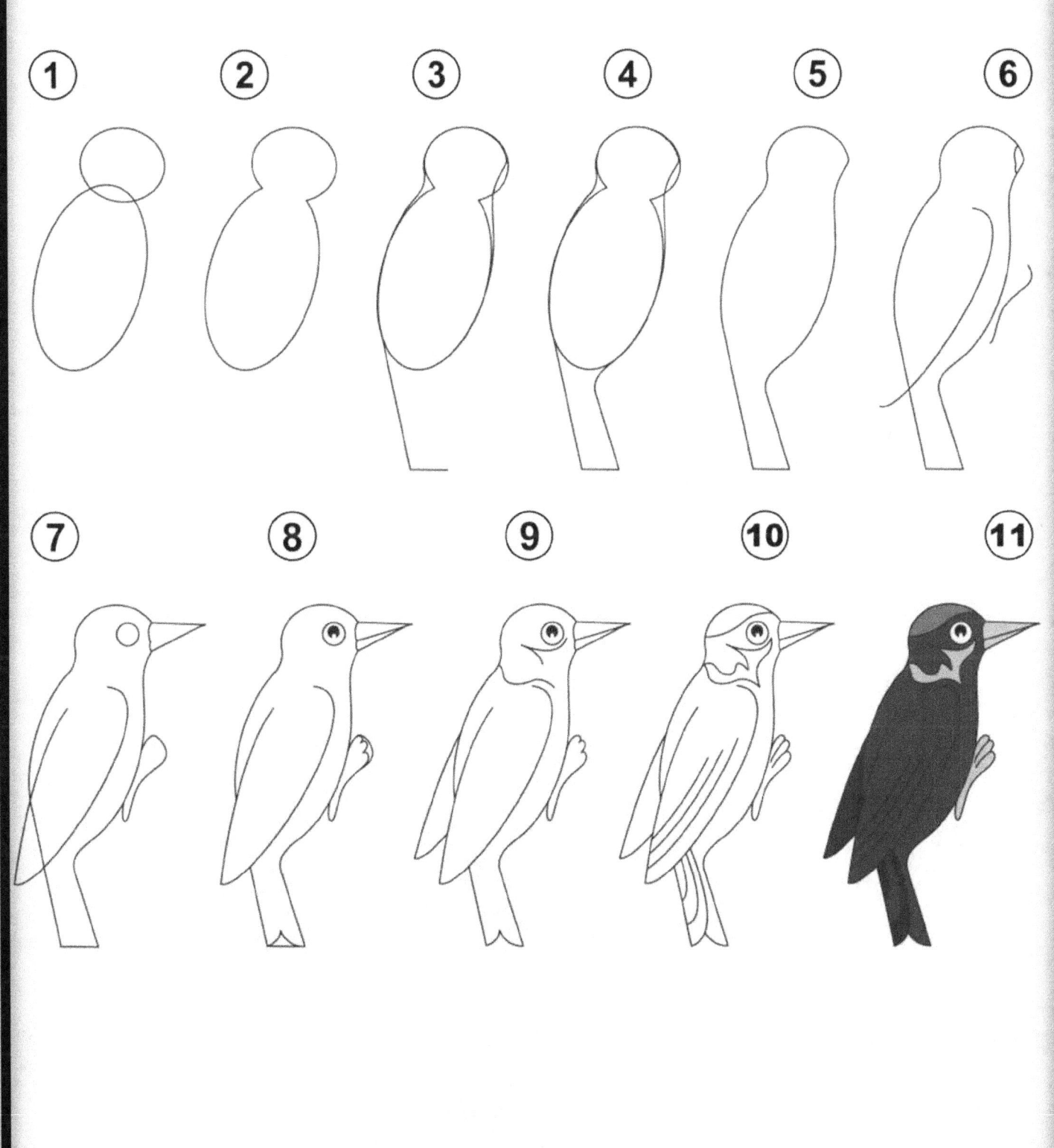

It's Time to Draw

Your Name
_____

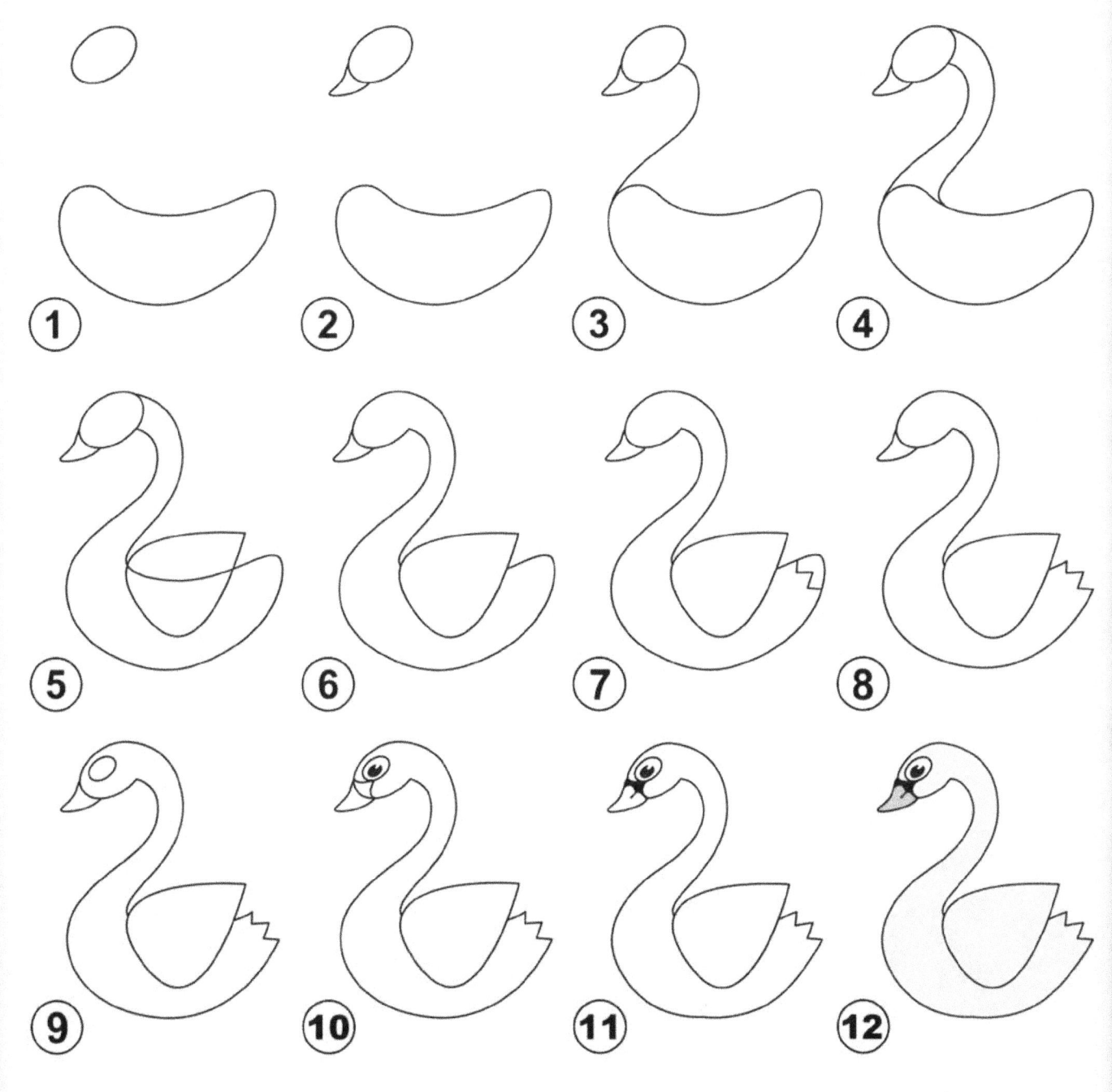

It's Time to Draw

Your Name
_____

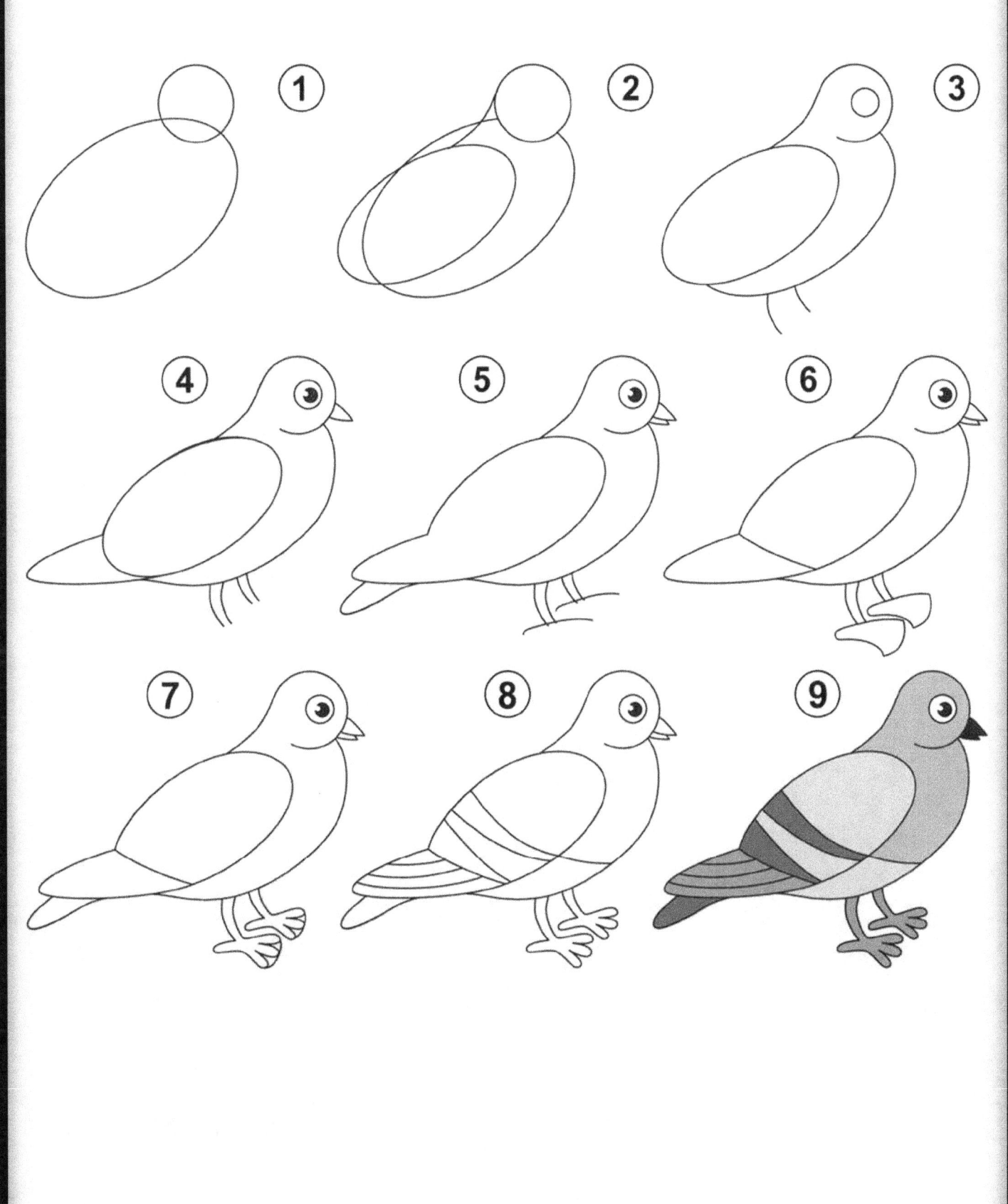

It's Time to Draw

Your Name

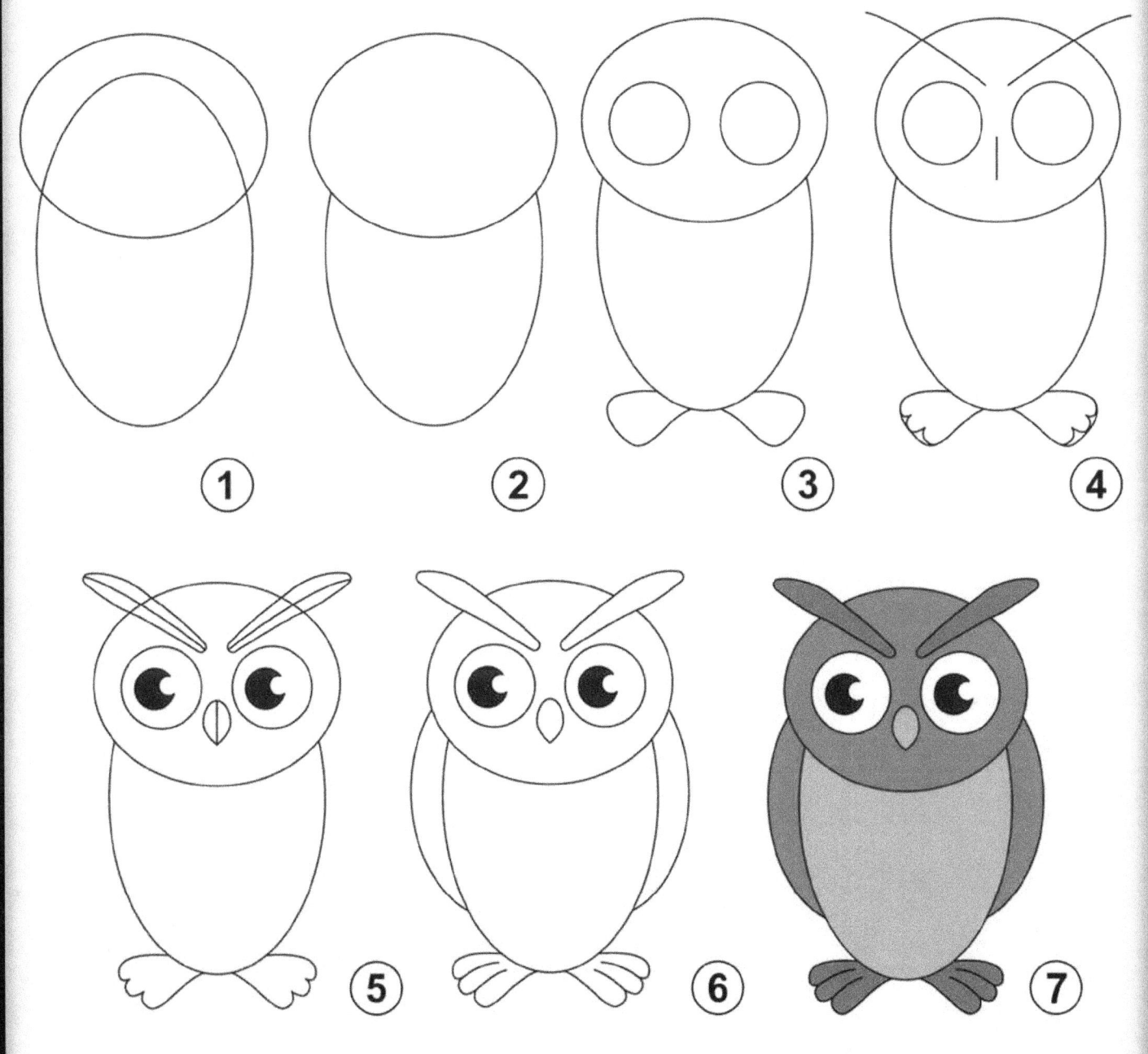

It's Time to Draw

Your Name

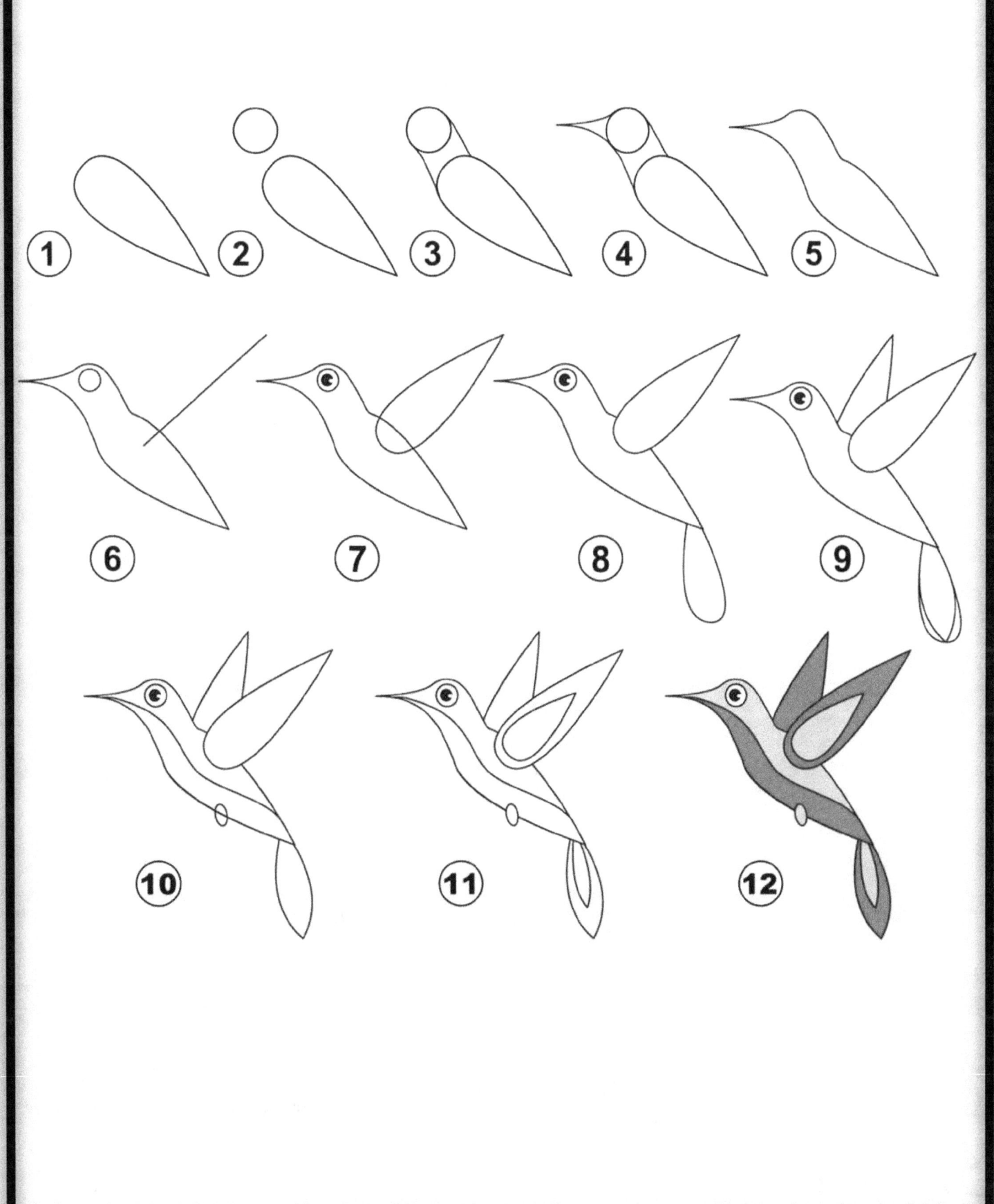

It's Time to Draw

Your Name
_____

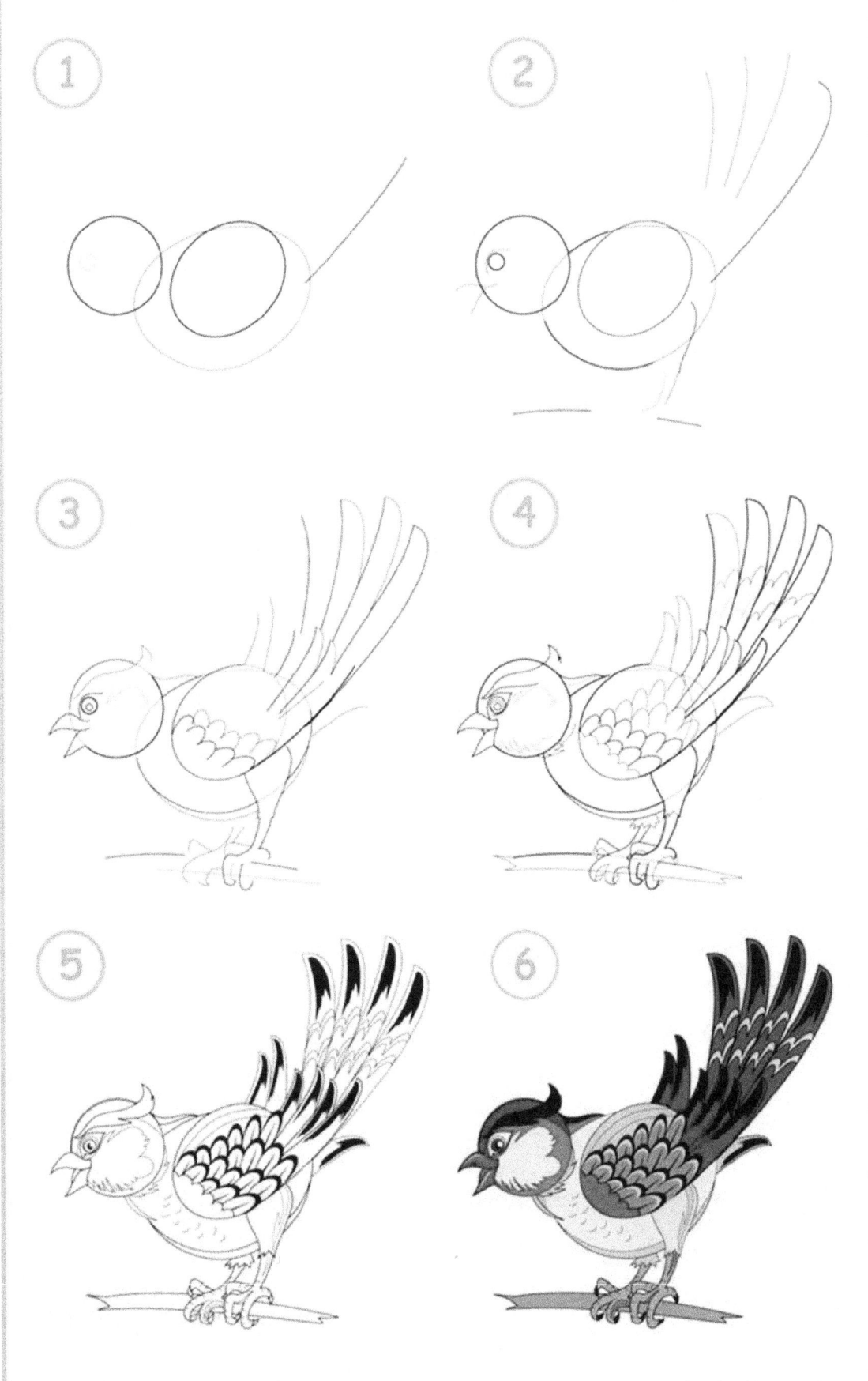

It's Time to Draw

Your Name

_____

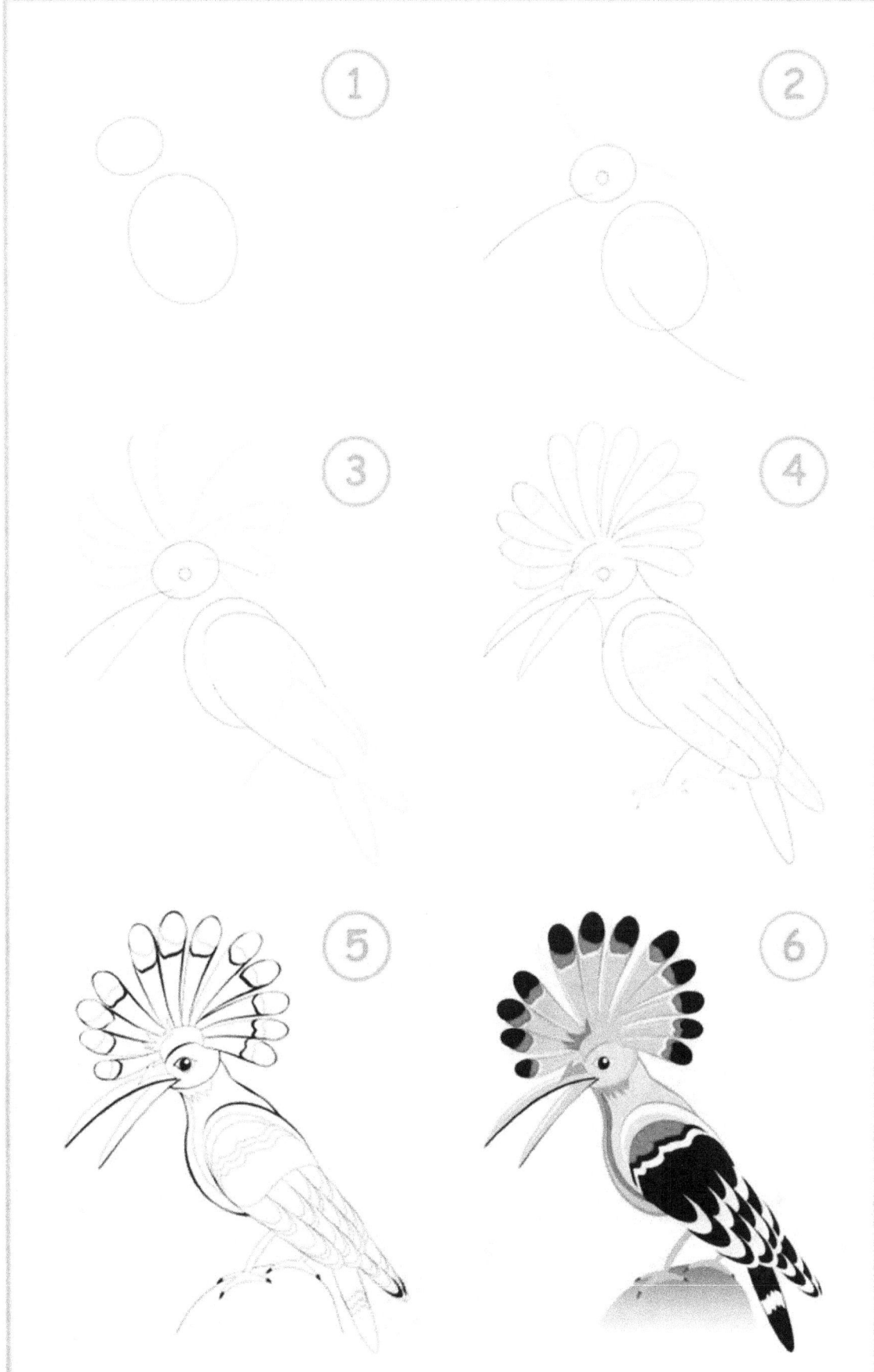

It's Time to Draw

Your Name
_____

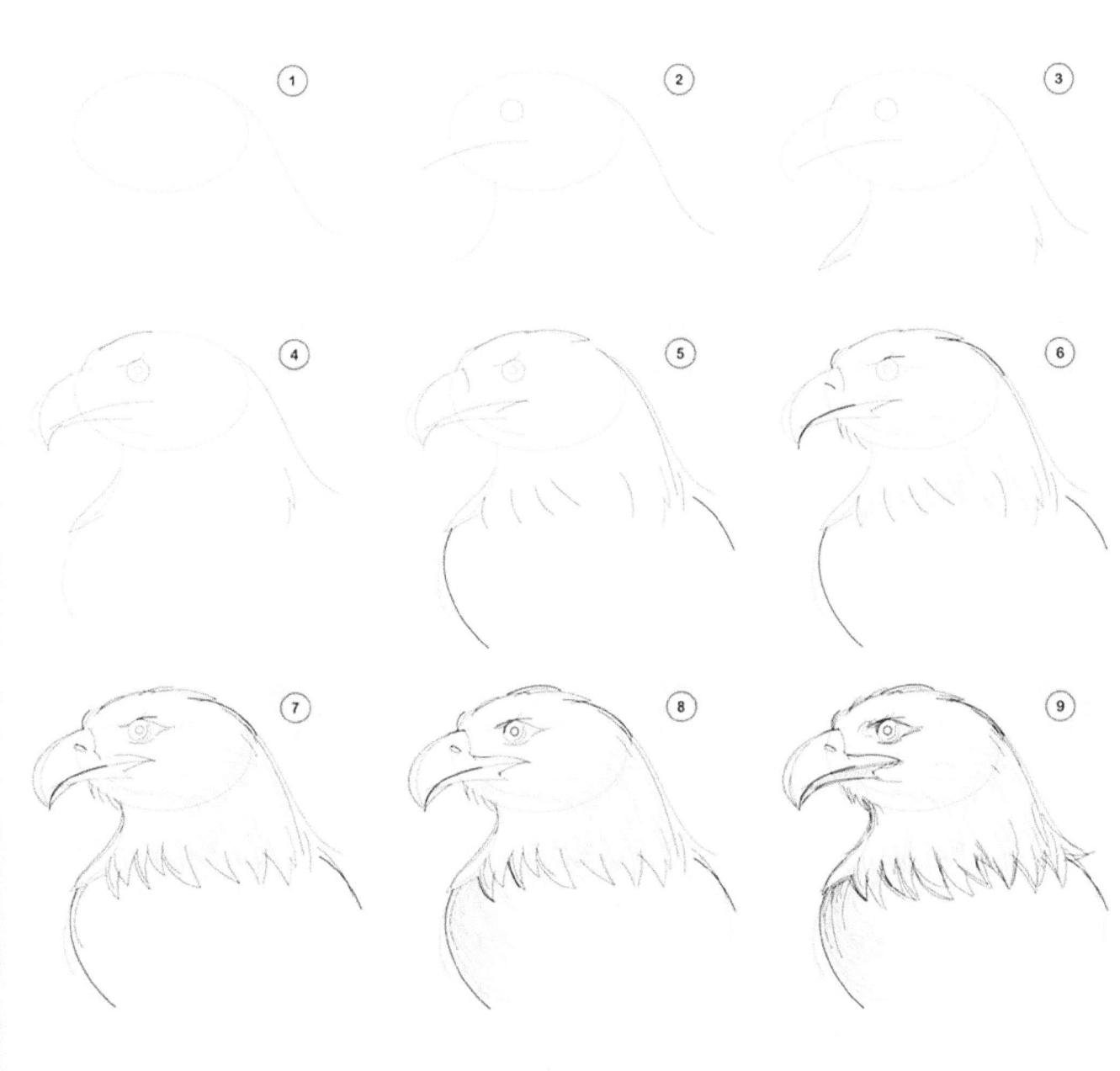

It's Time to Draw

Your Name

_____

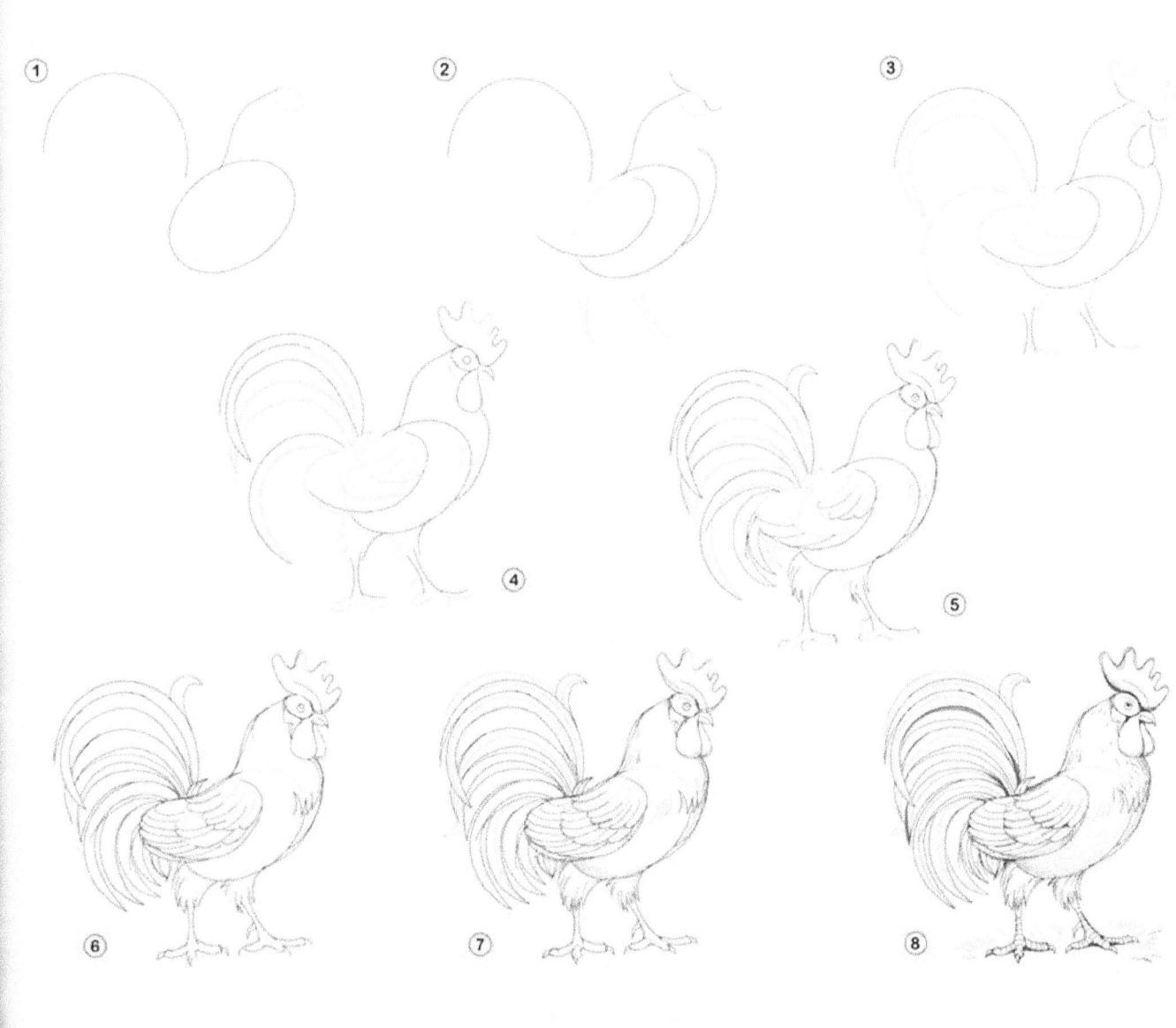

It's Time to Draw

Your Name

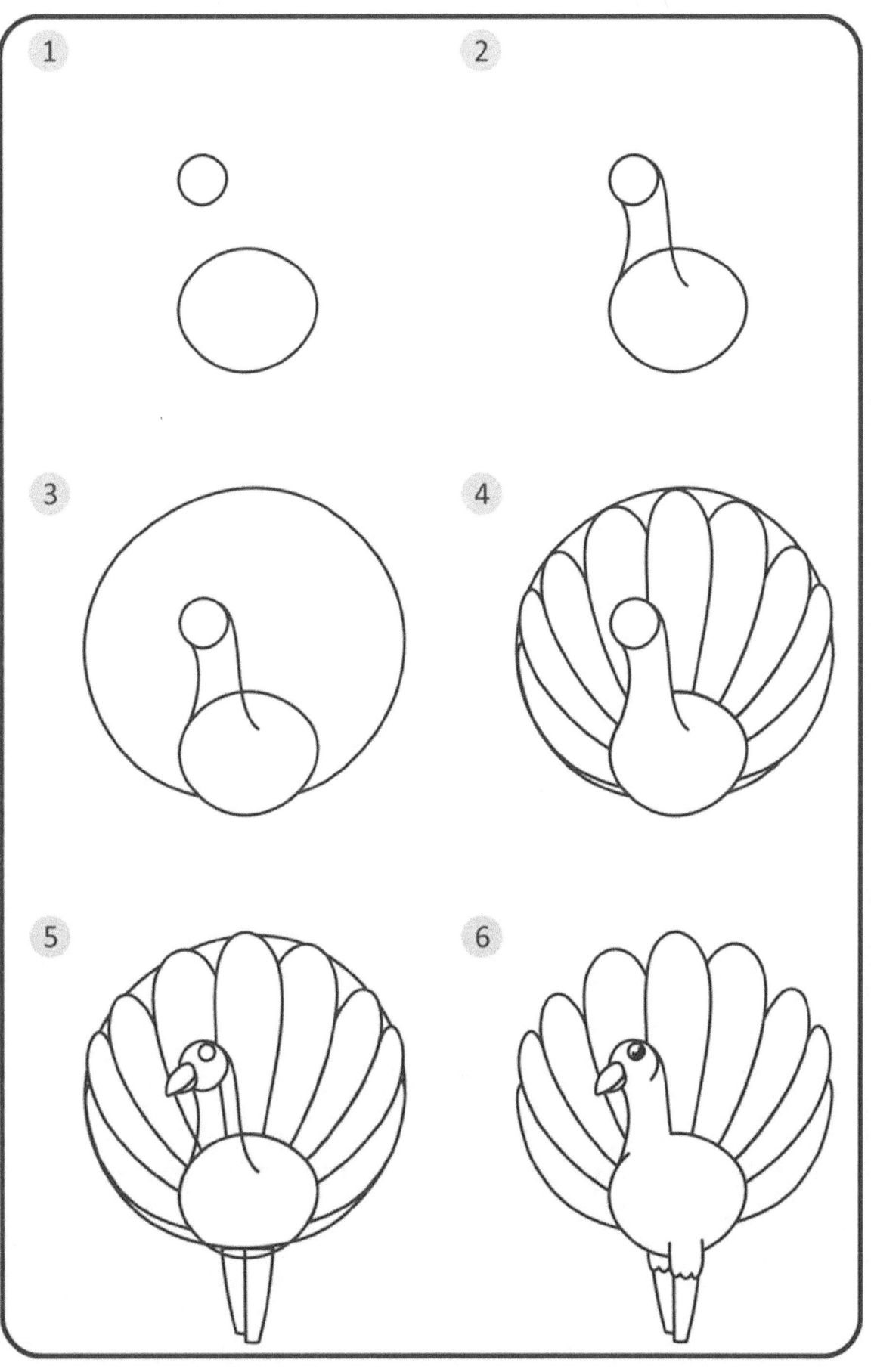

It's Time to Draw

Your Name

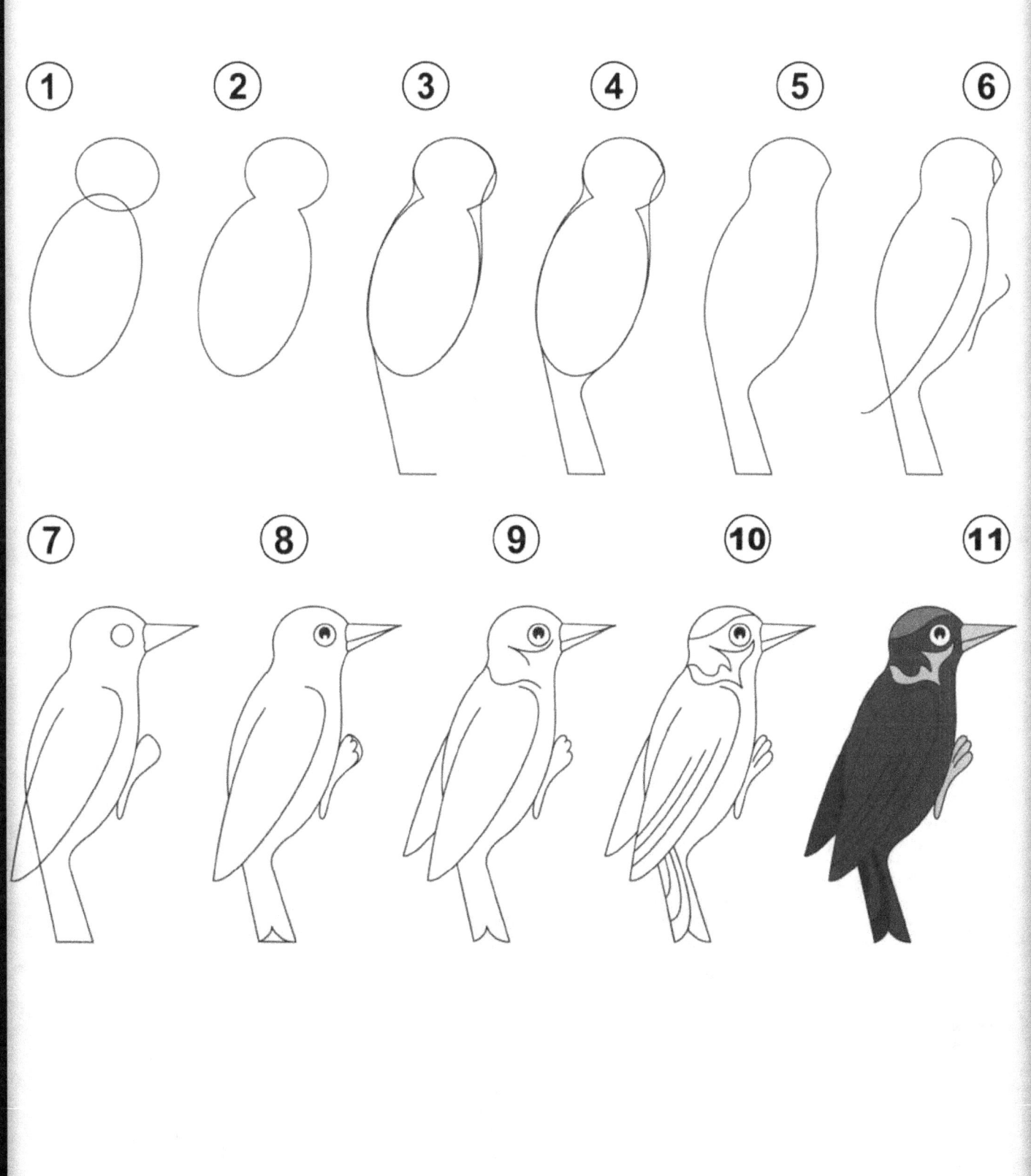

It's Time to Draw

Your Name
_____

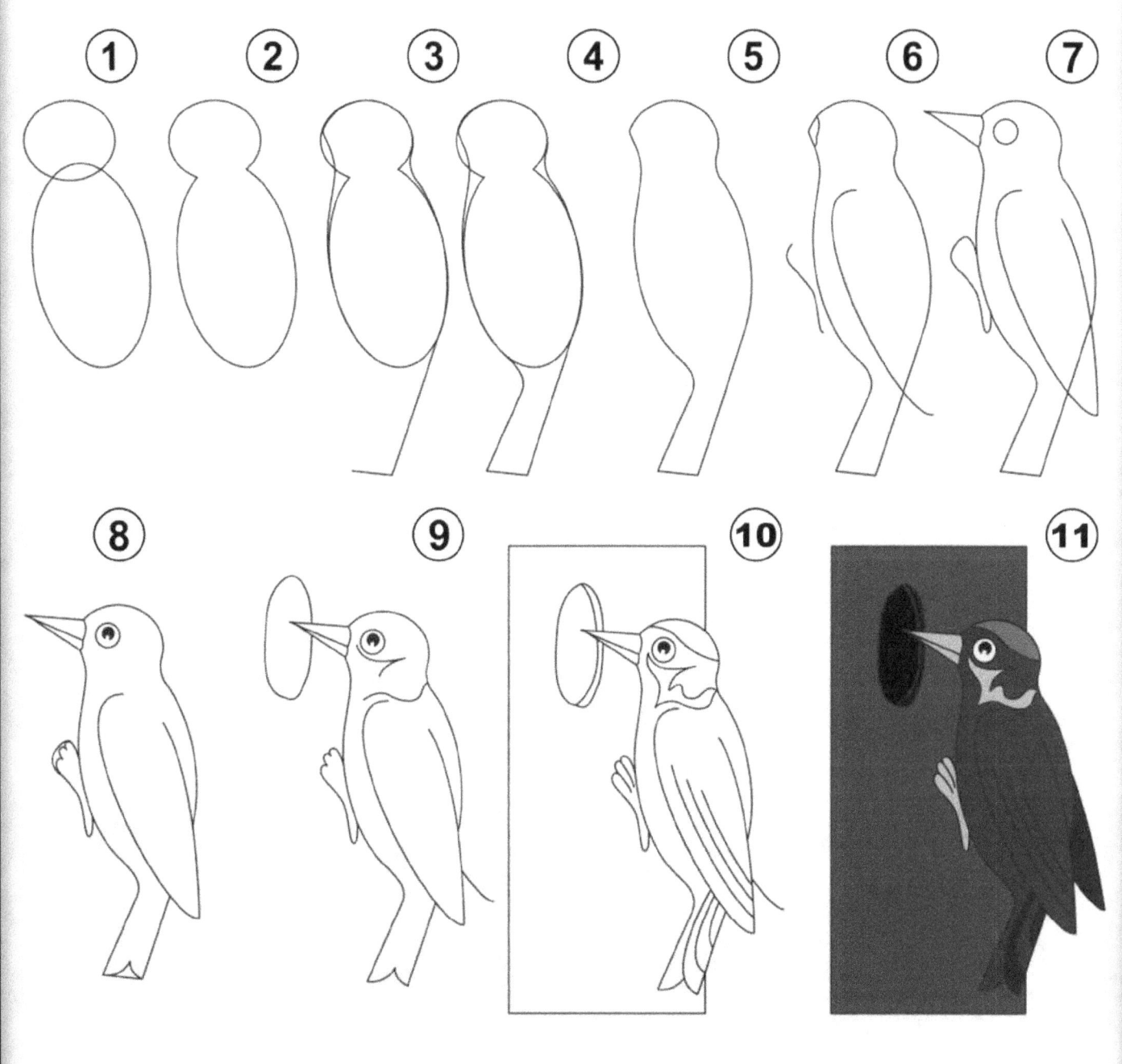

It's Time to Draw

Your Name
_____

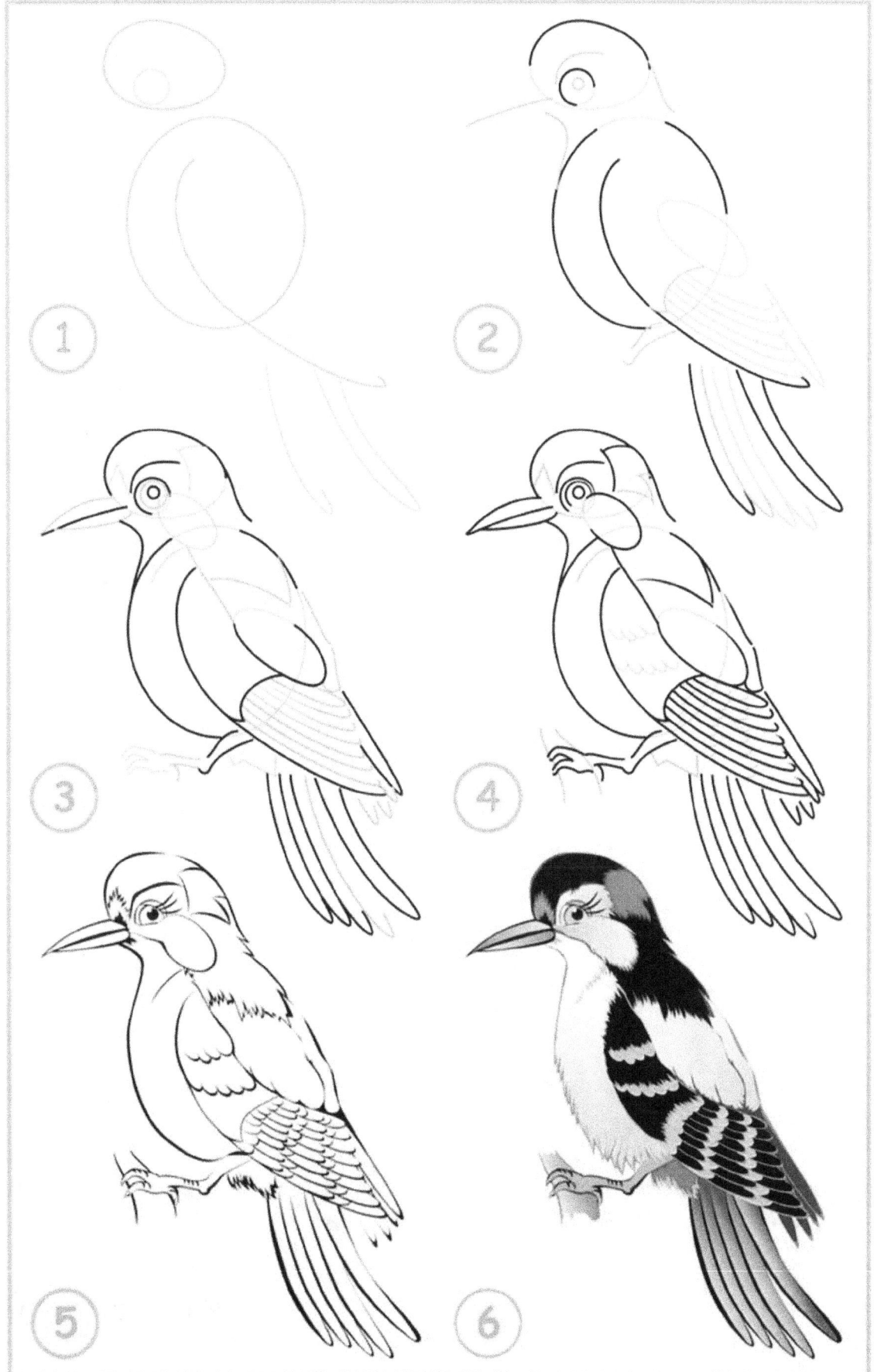

It's Time to Draw

Your Name
_____

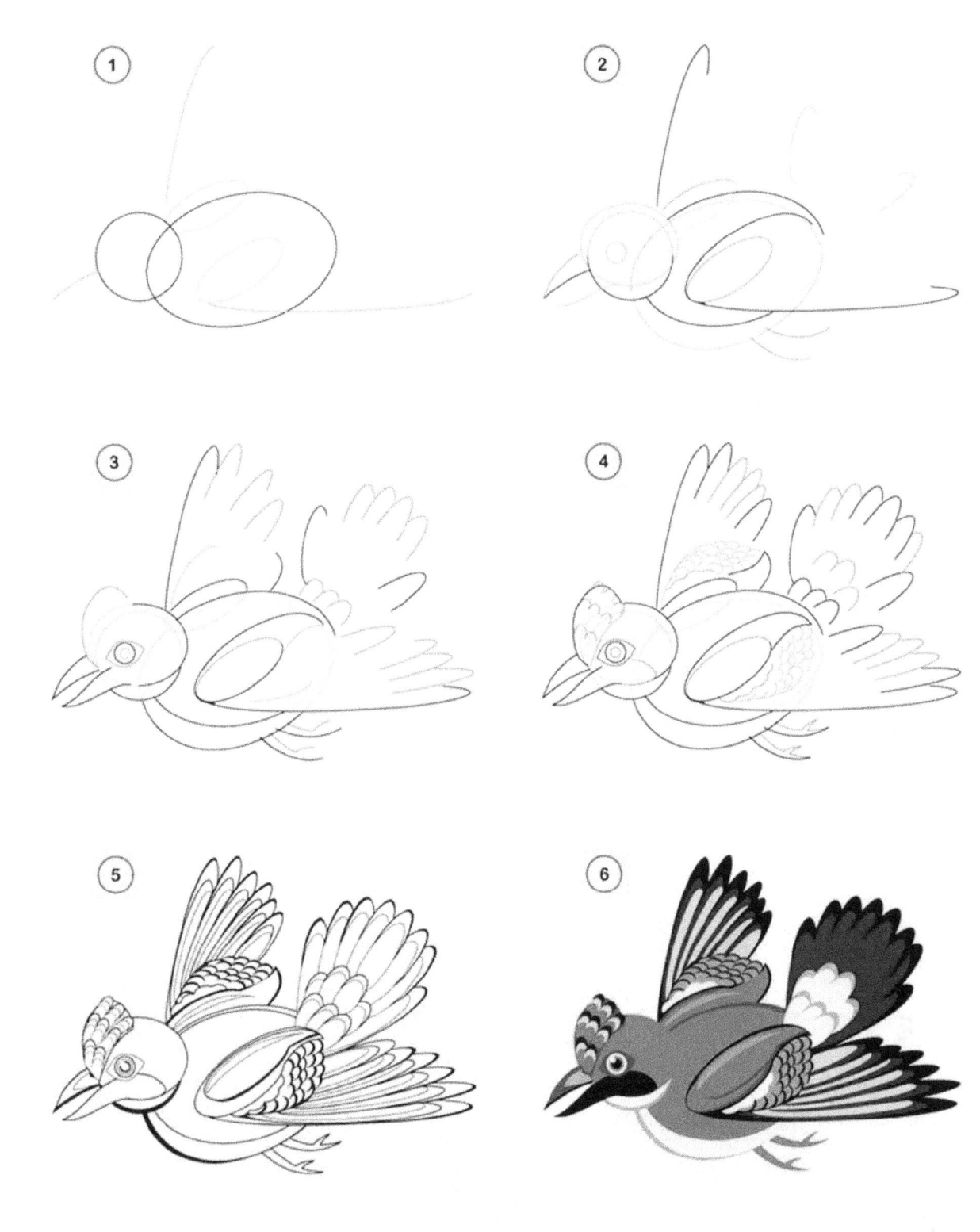

It's Time to Draw

Your Name

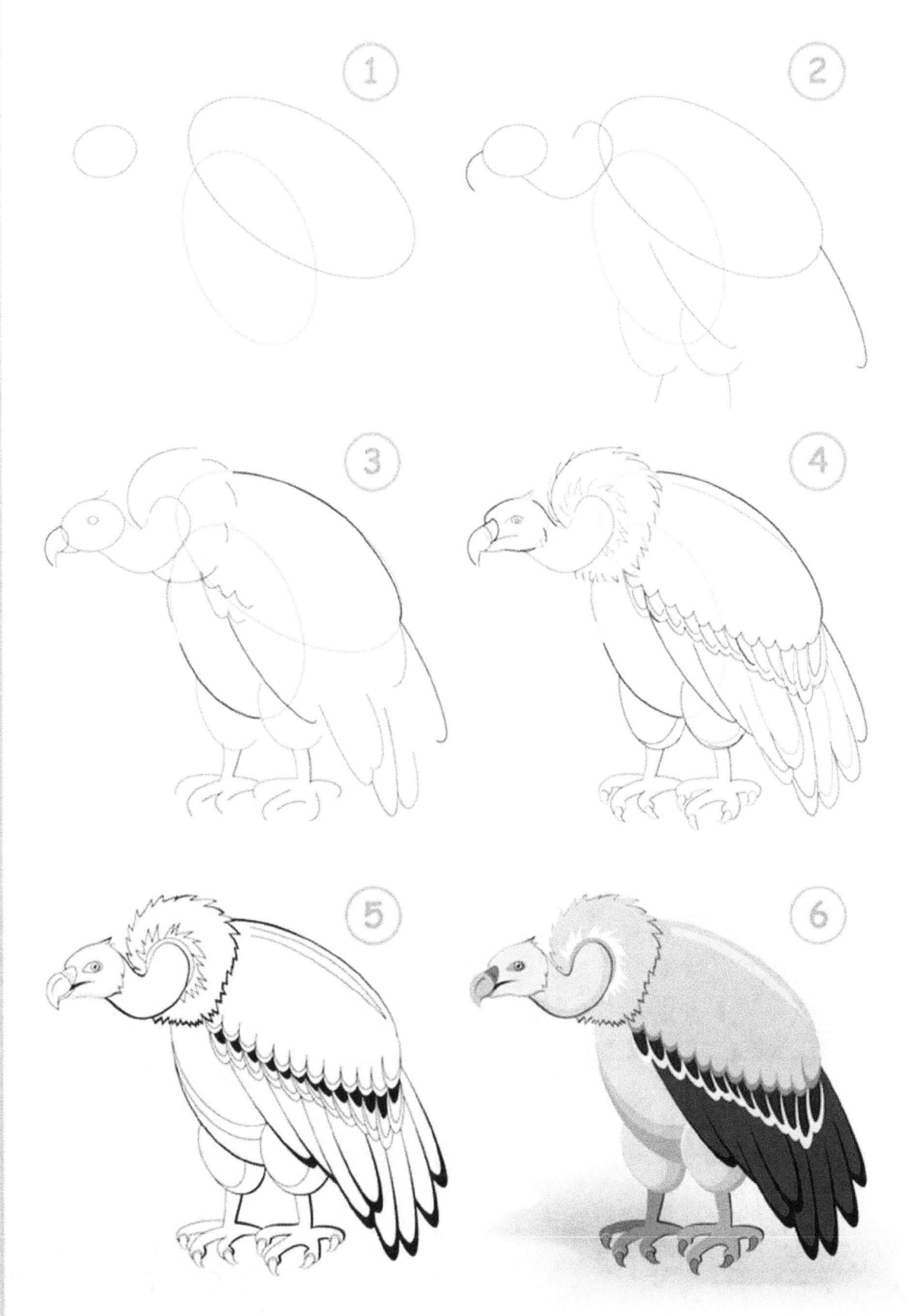

It's Time to Draw

Your Name
_____

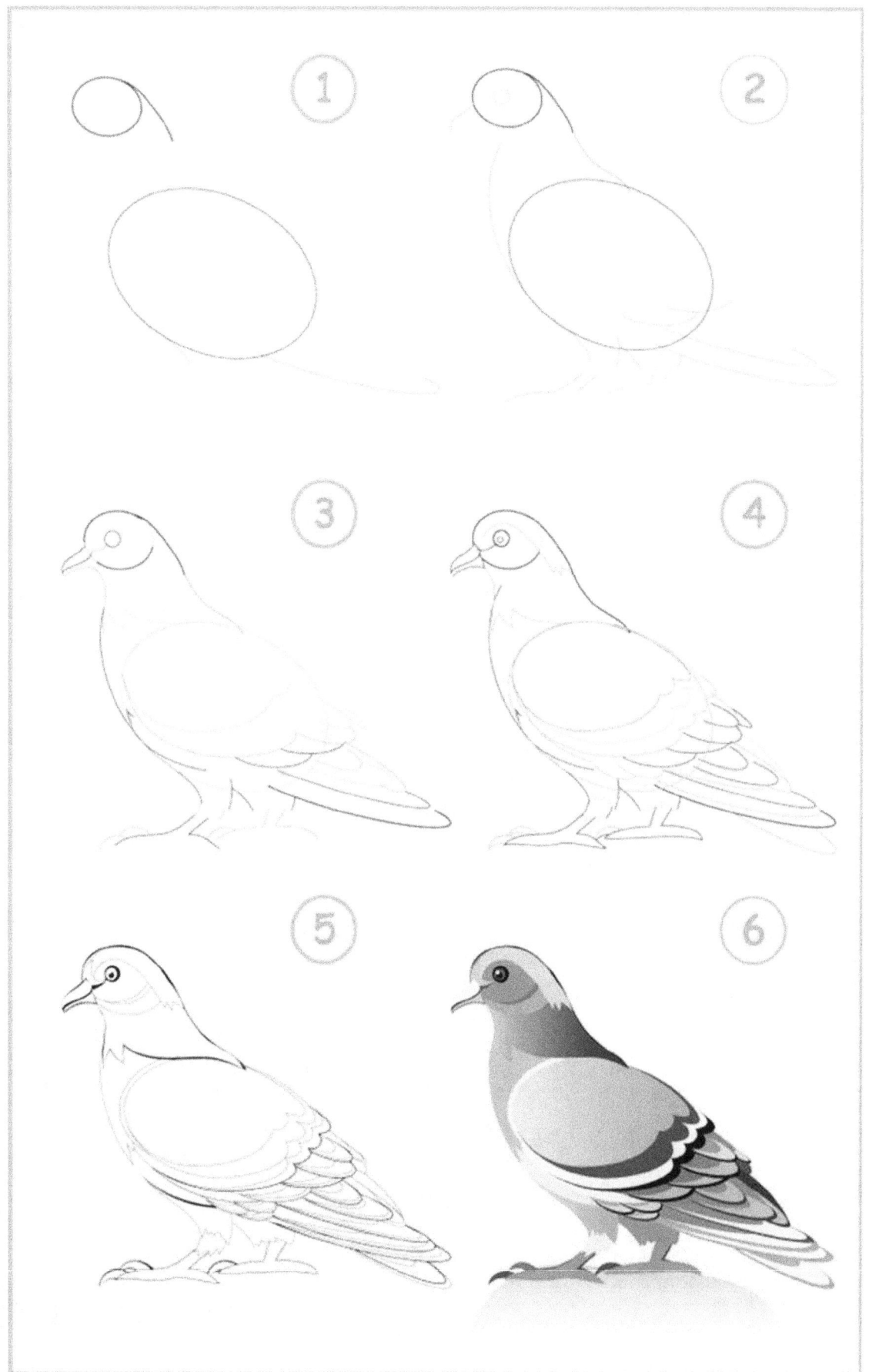

It's Time to Draw

Your Name

_____

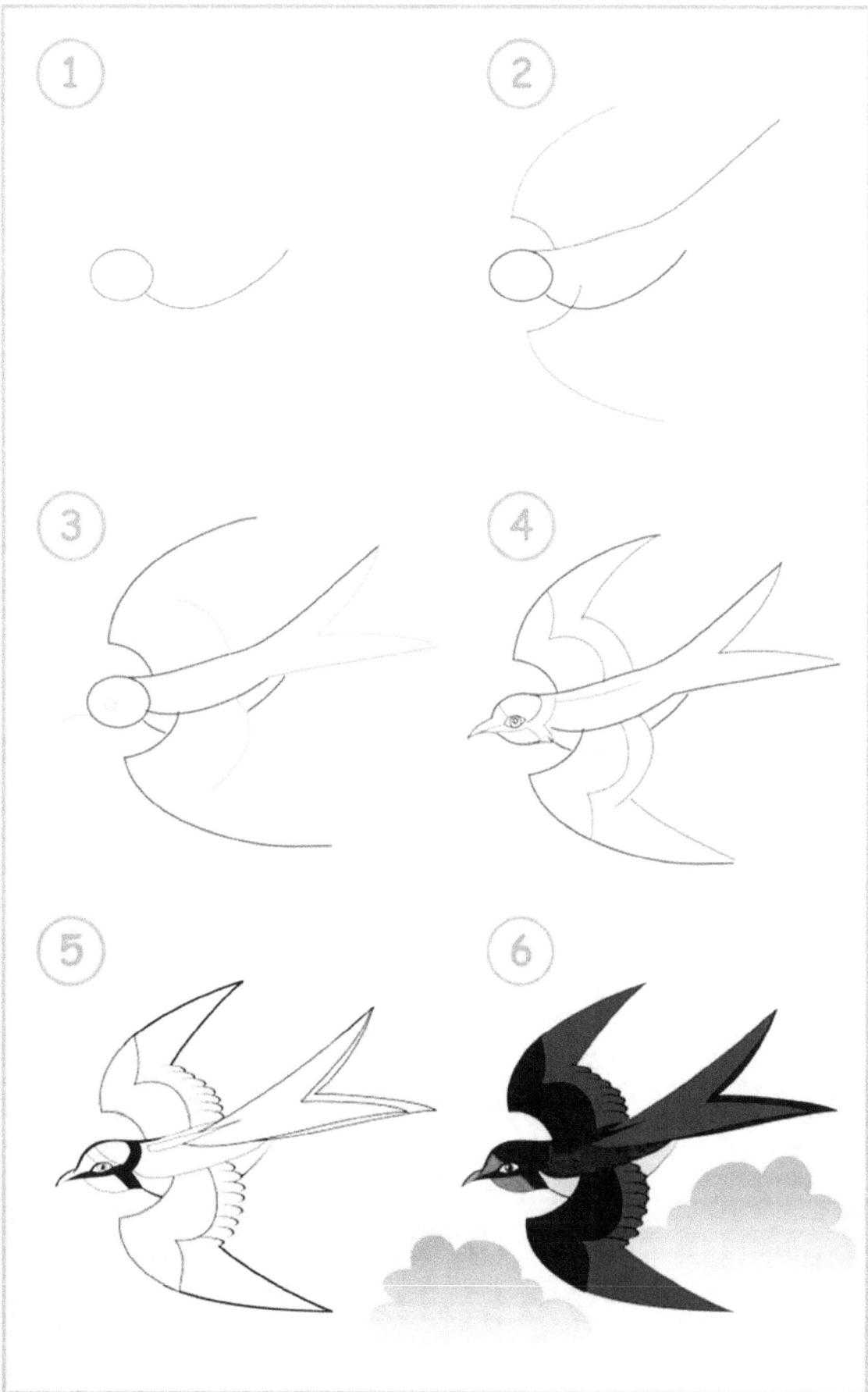

It's Time to Draw

Your Name
_____

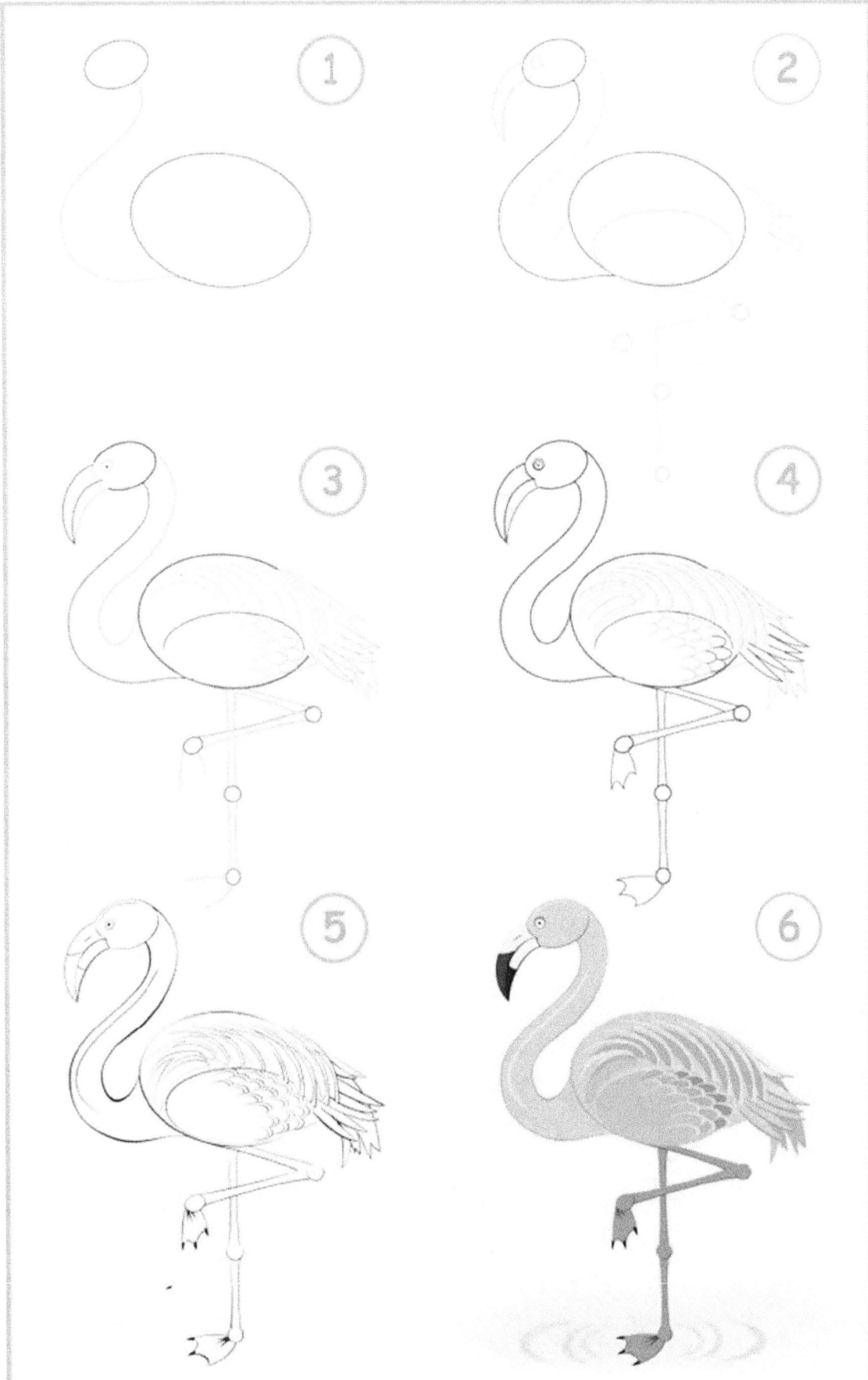

It's Time to Draw

Your Name
_____

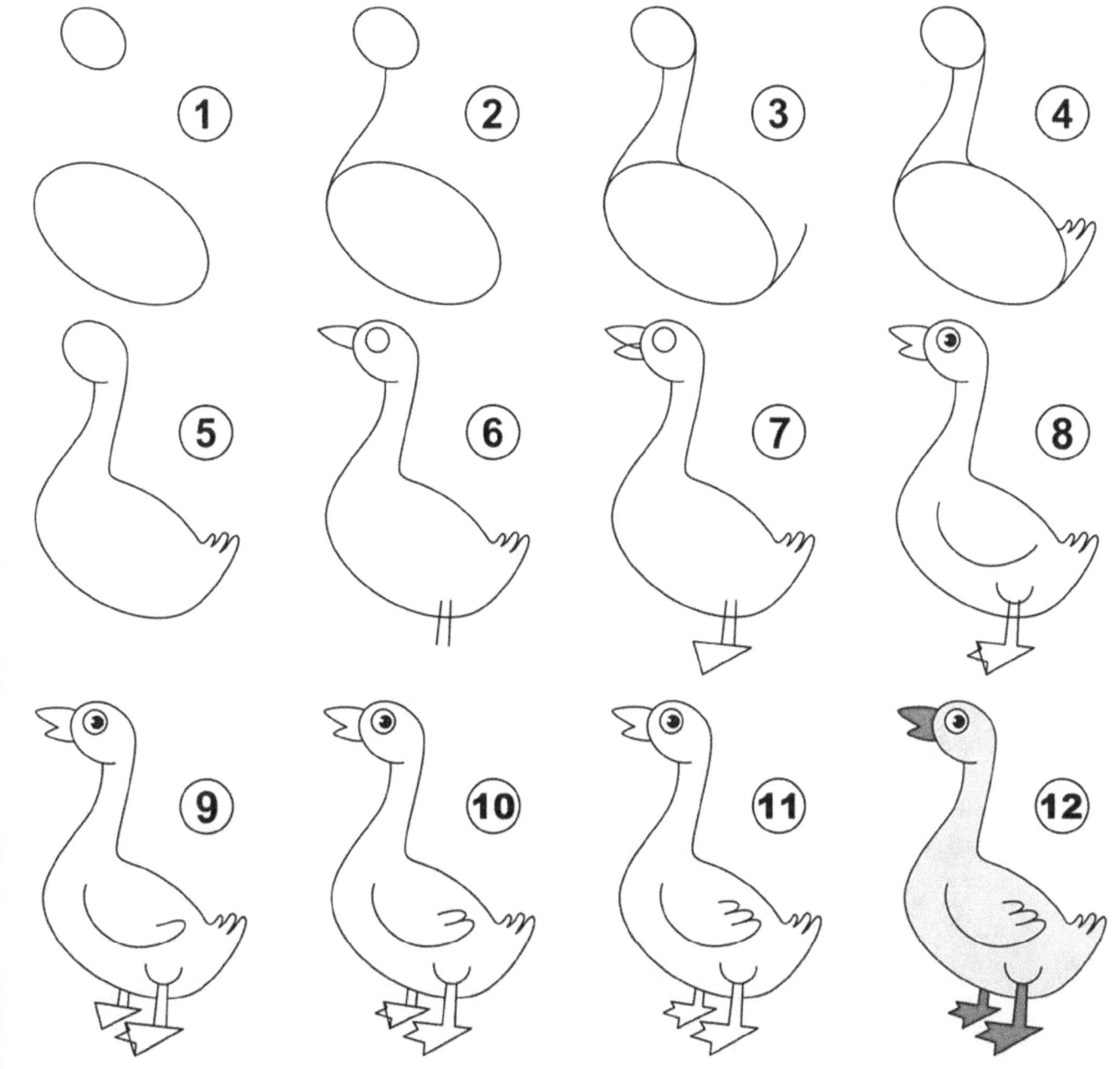

It's Time to Draw

Your Name

_____

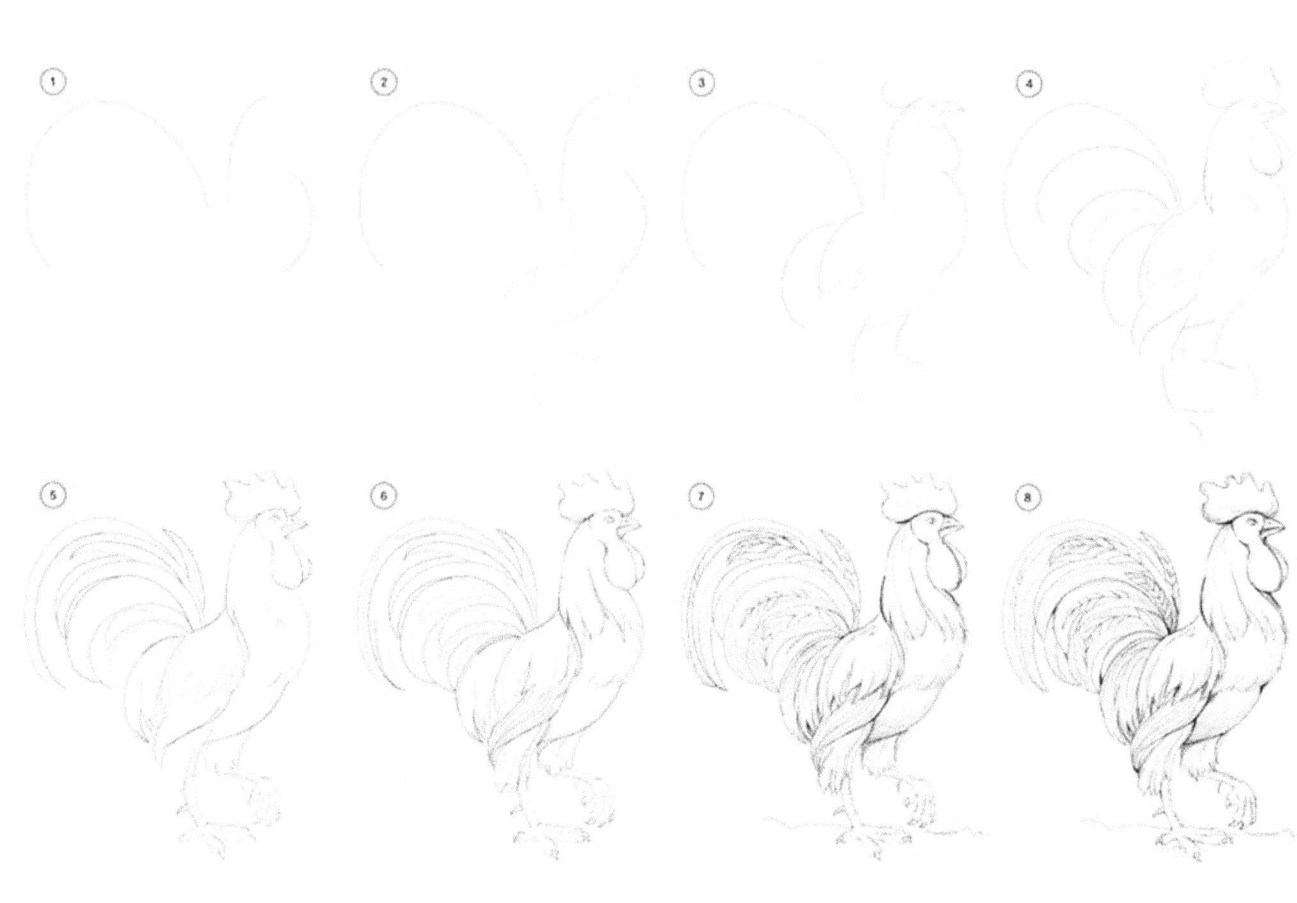

It's Time to Draw

Your Name
_____

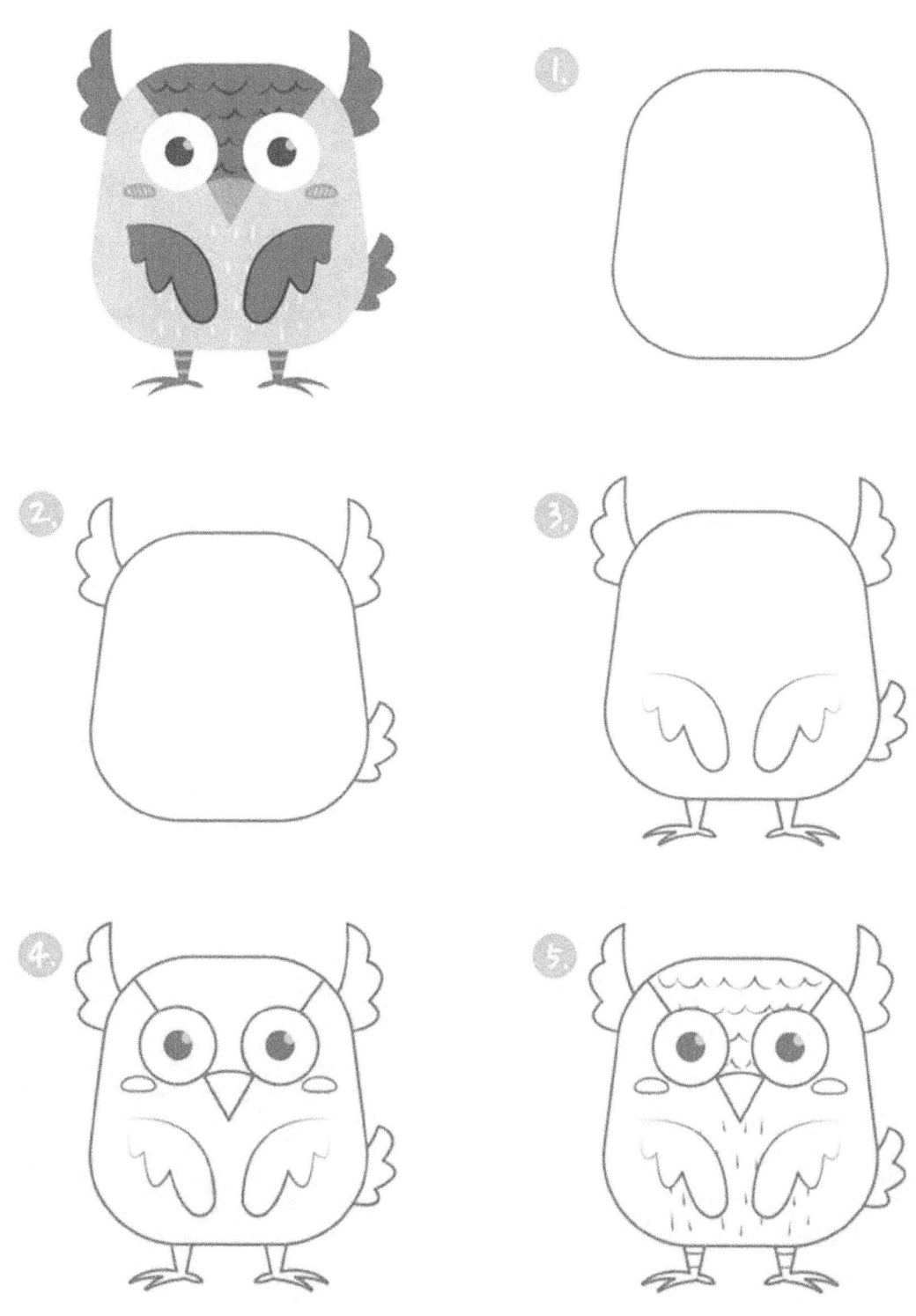

It's Time to Draw

Your Name

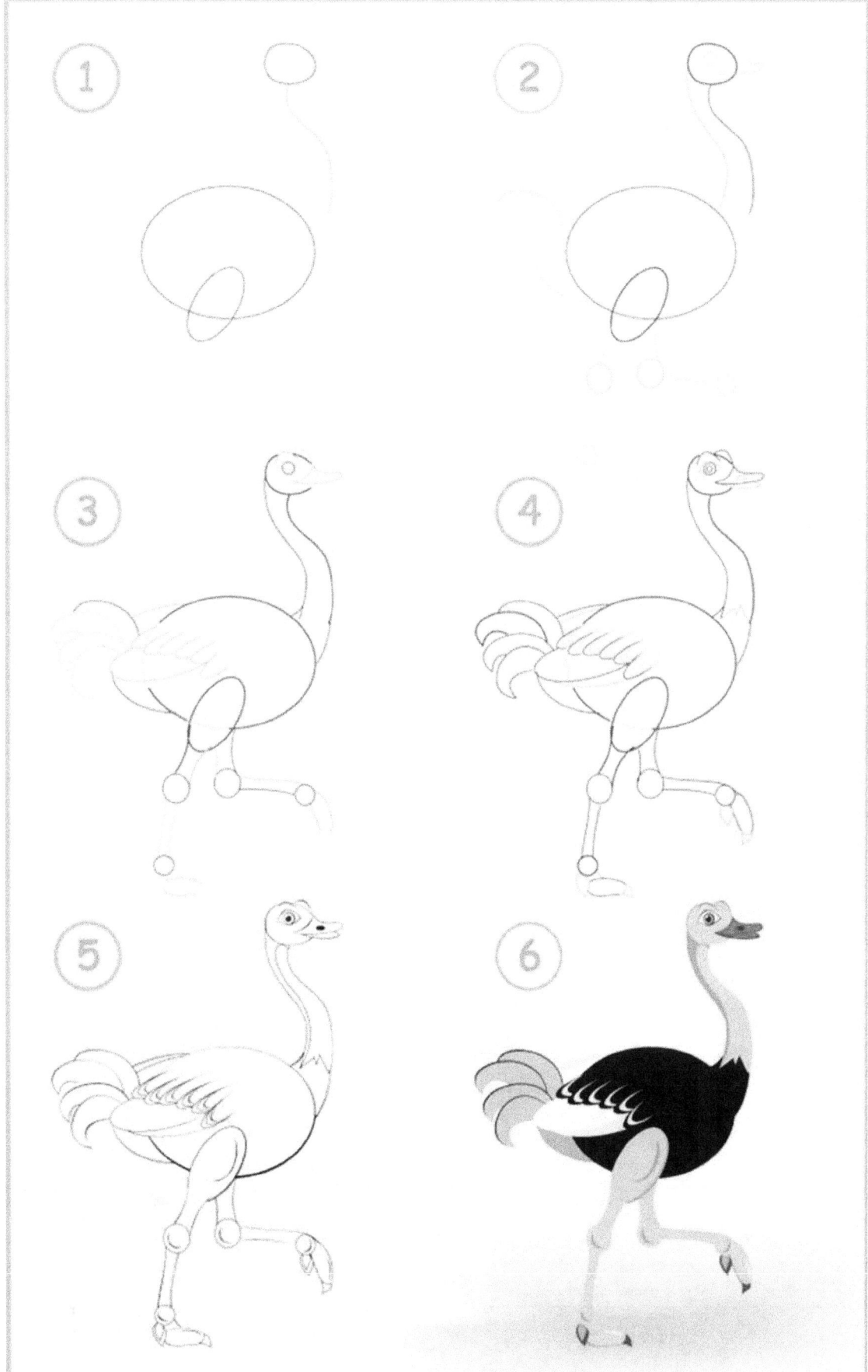

It's Time to Draw

Your Name

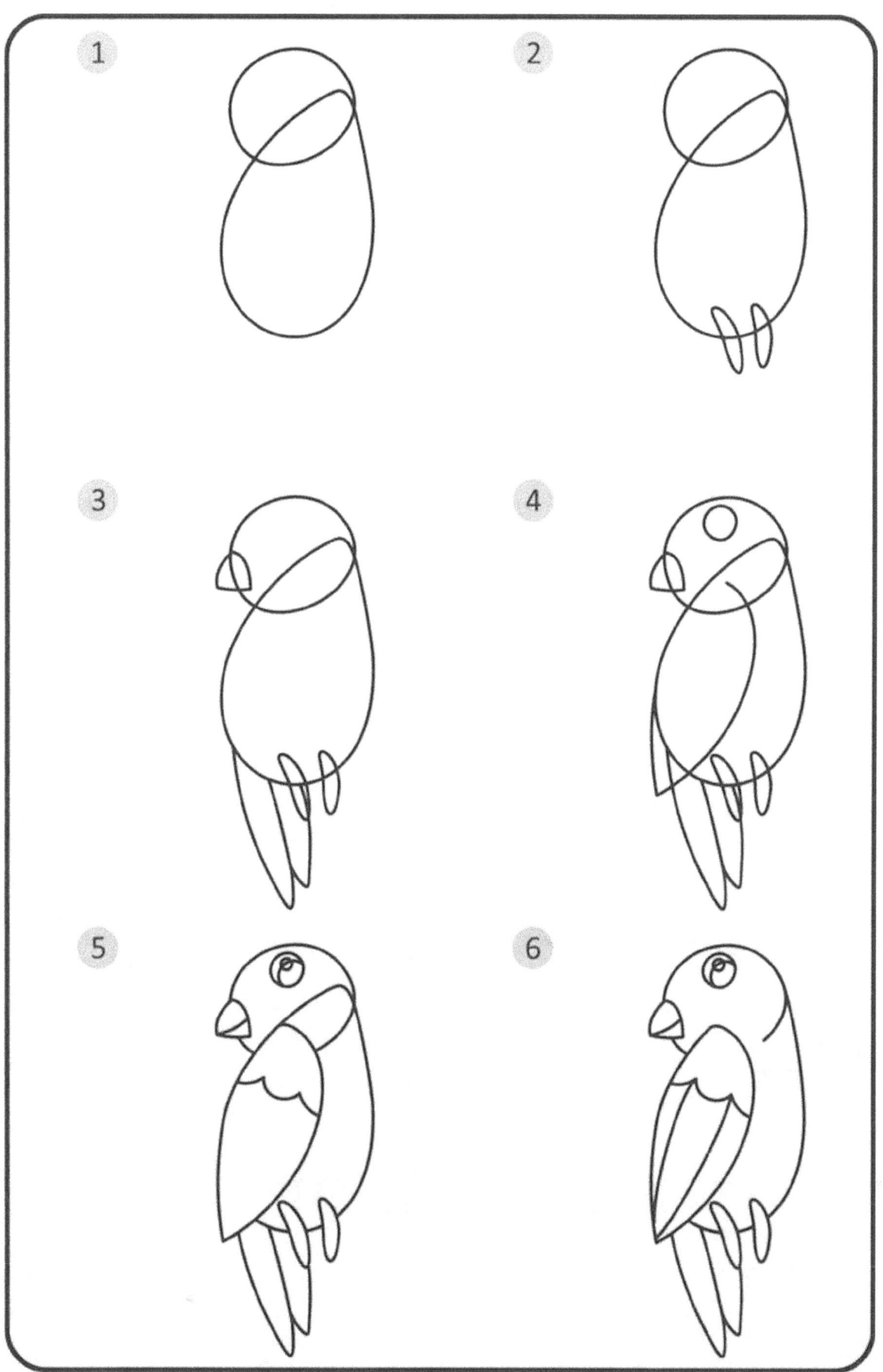

It's Time to Draw

Your Name

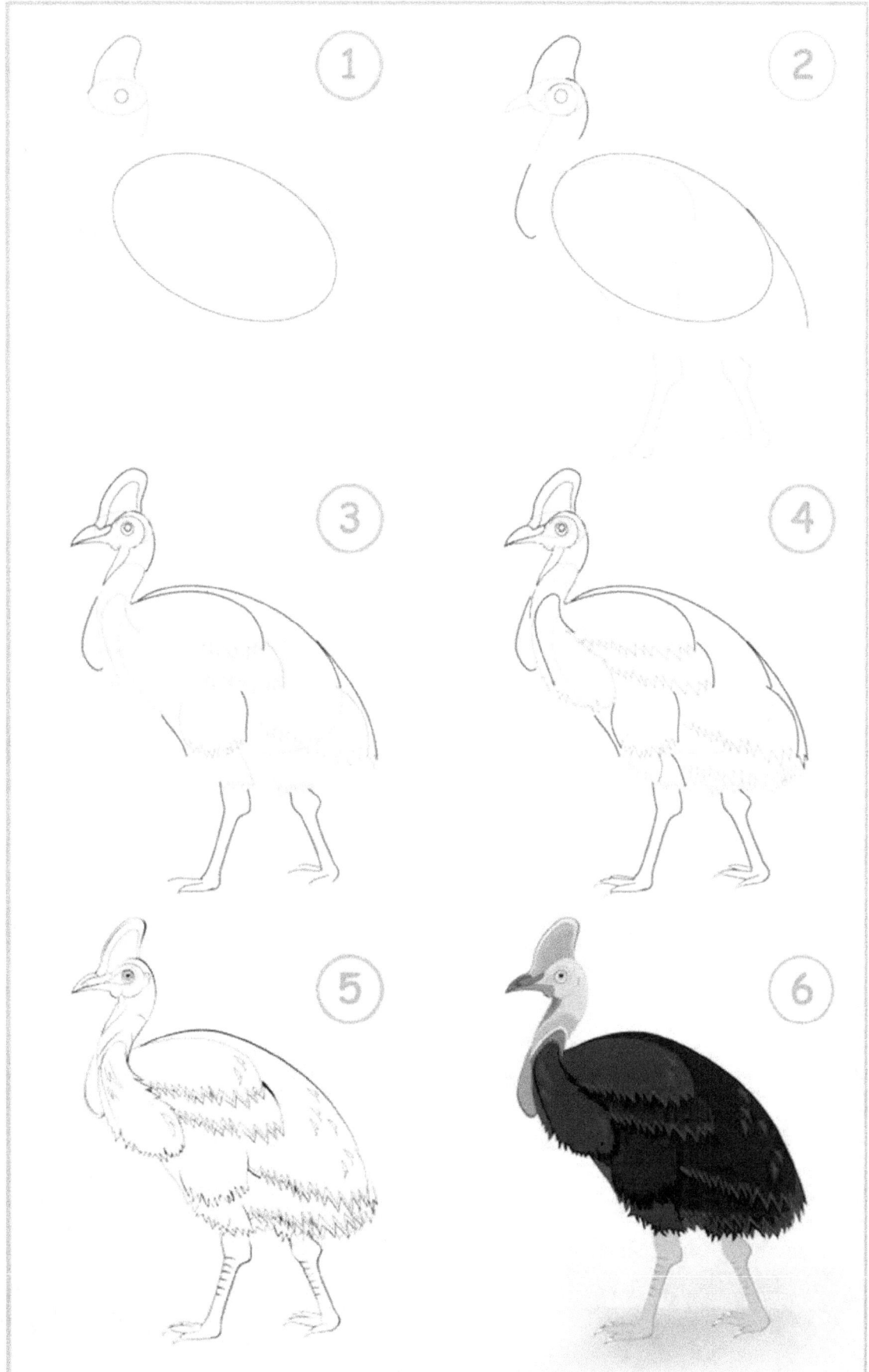

It's Time to Draw

Your Name

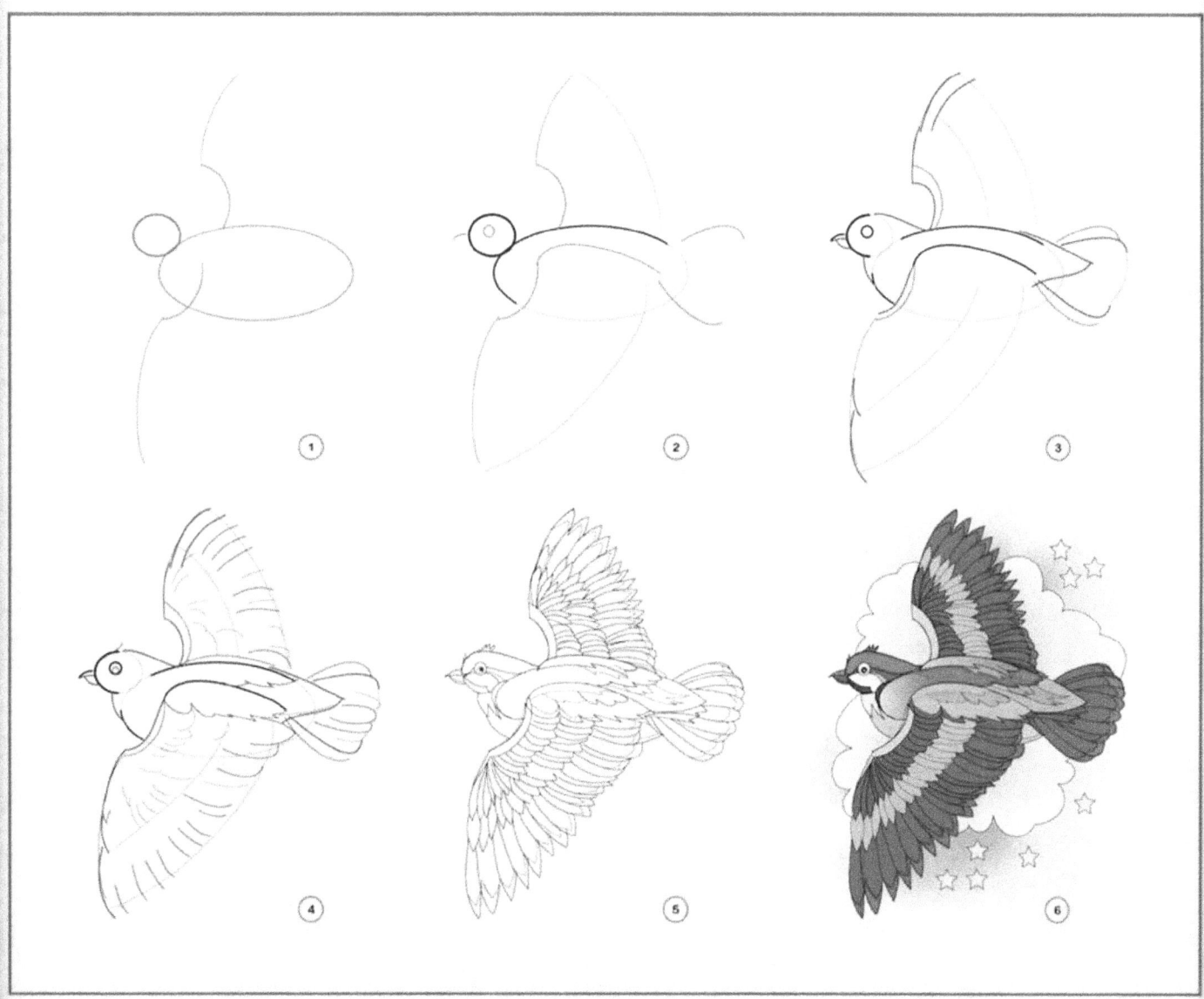

It's Time to Draw

Your Name

_____

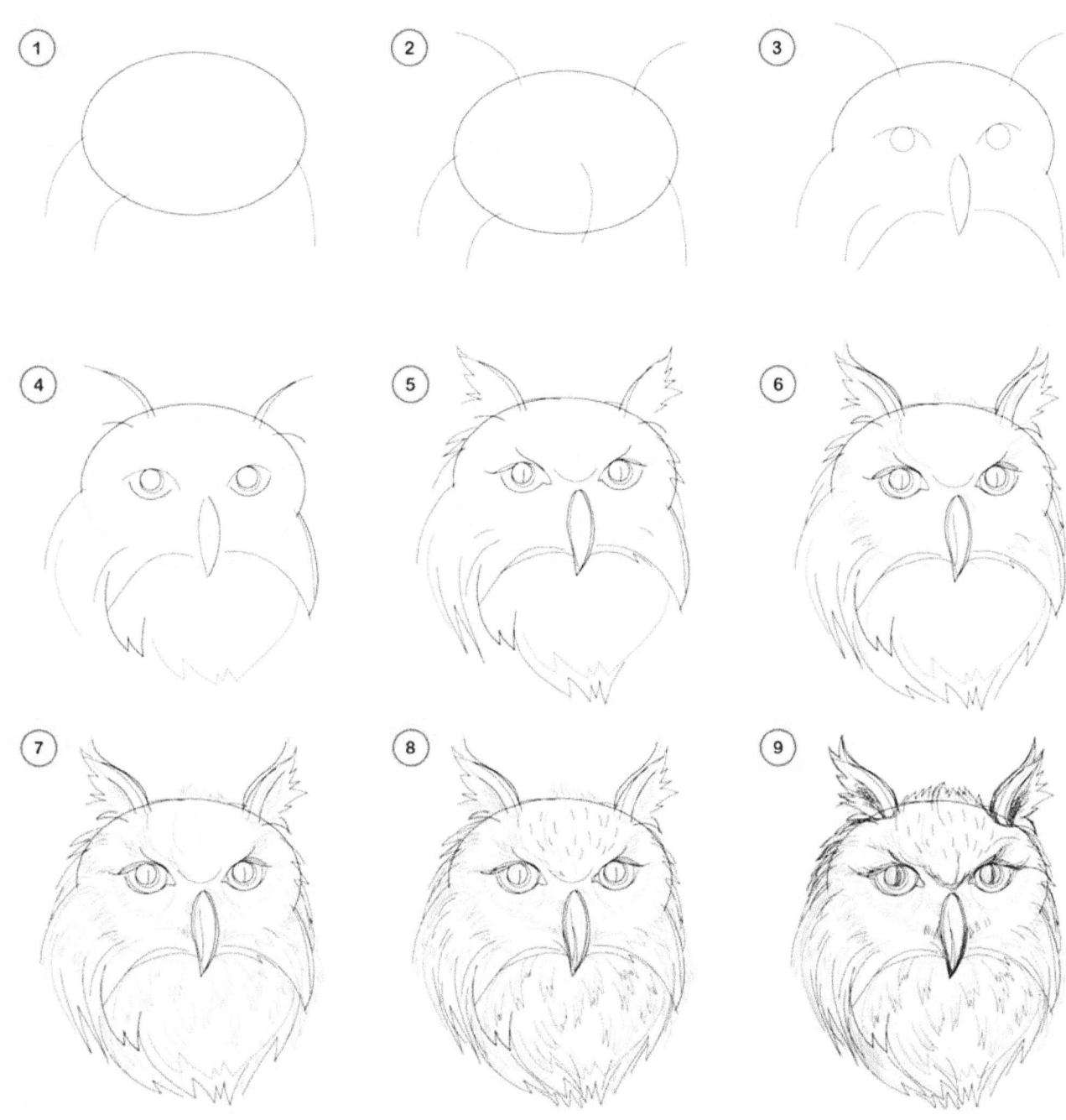

It's Time to Draw

Your Name
_____

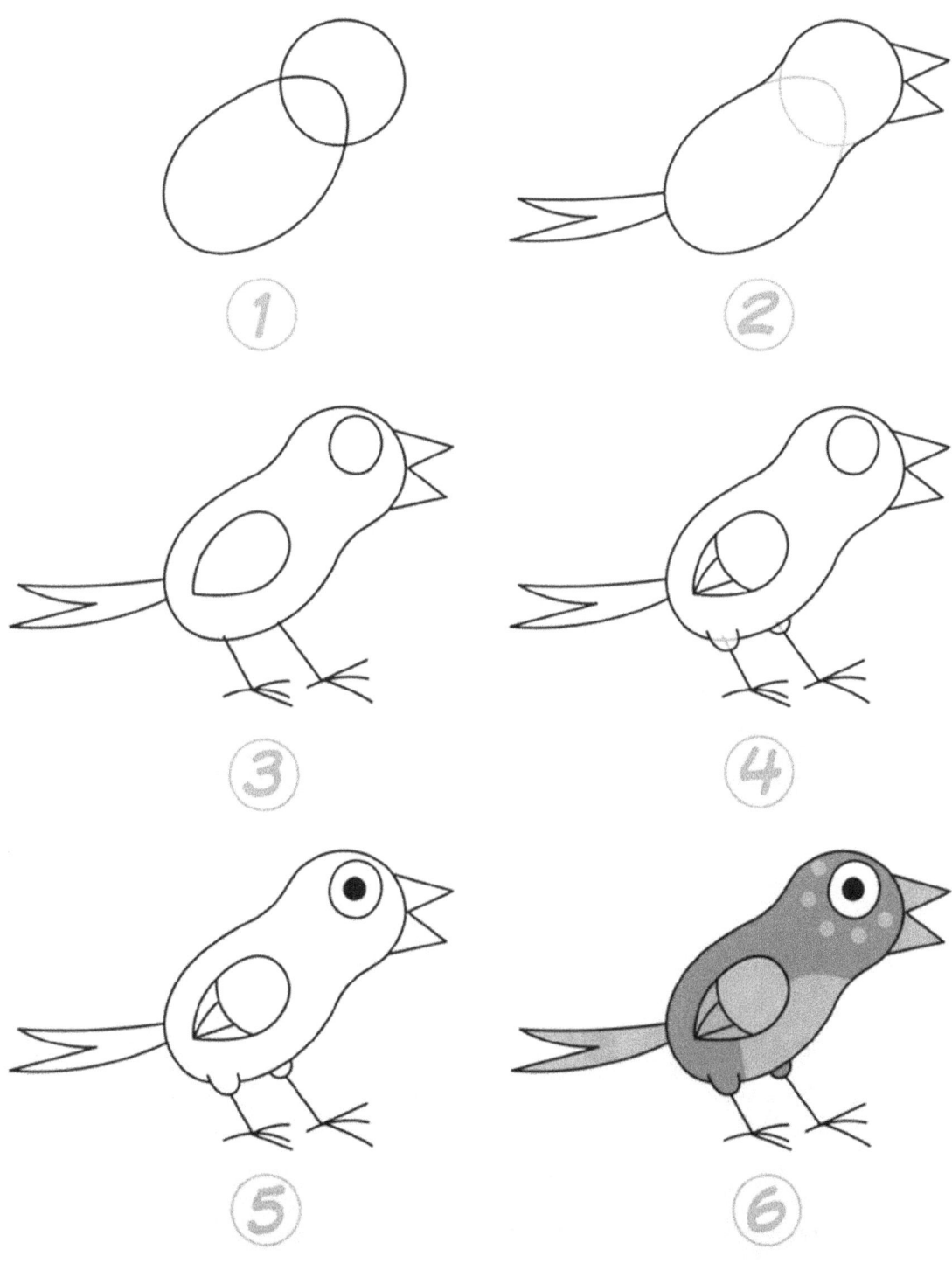

It's Time to Draw

Your Name

_____

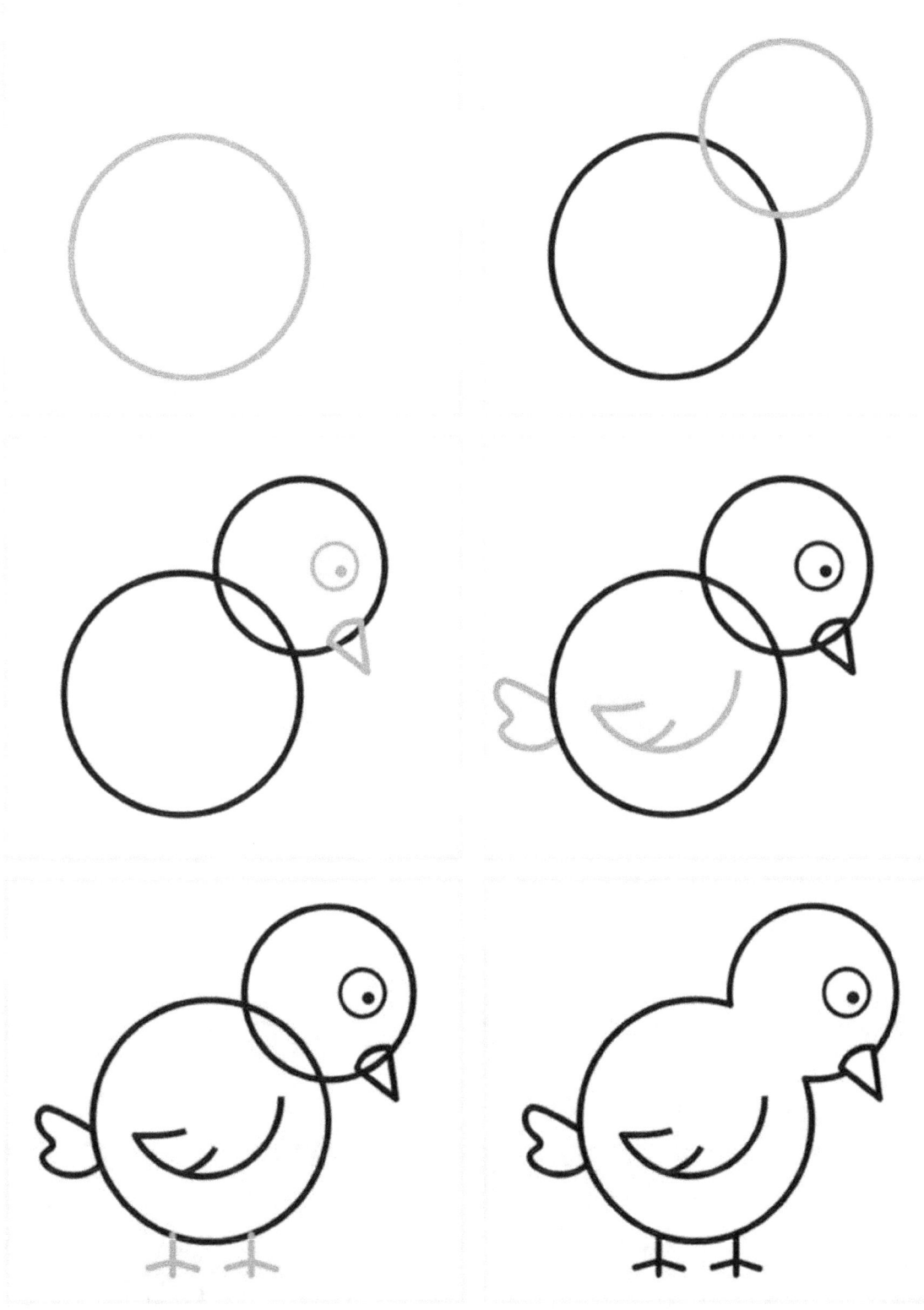

It's Time to Draw

Your Name
_____

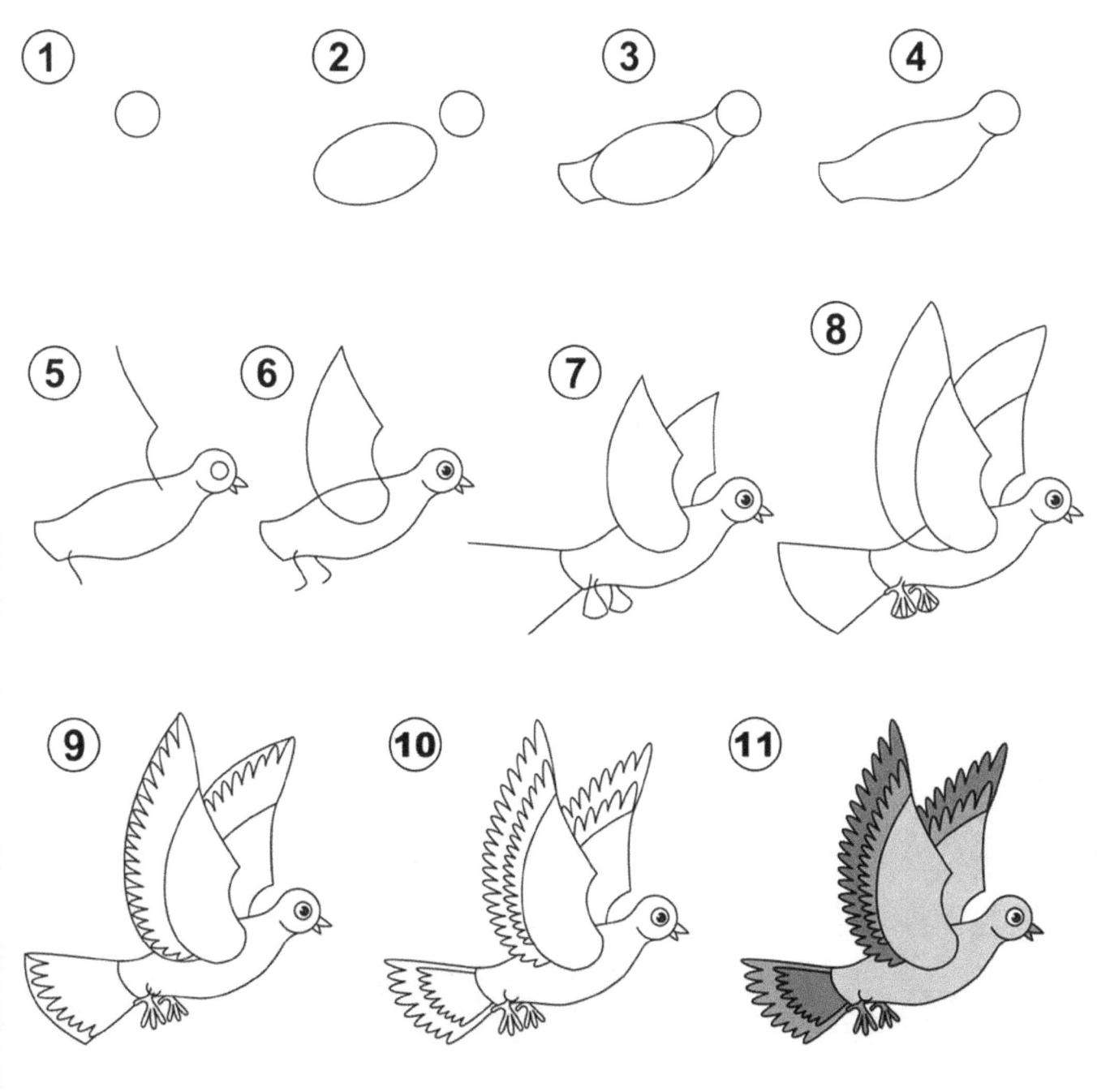

It's Time to Draw

Your Name

_____

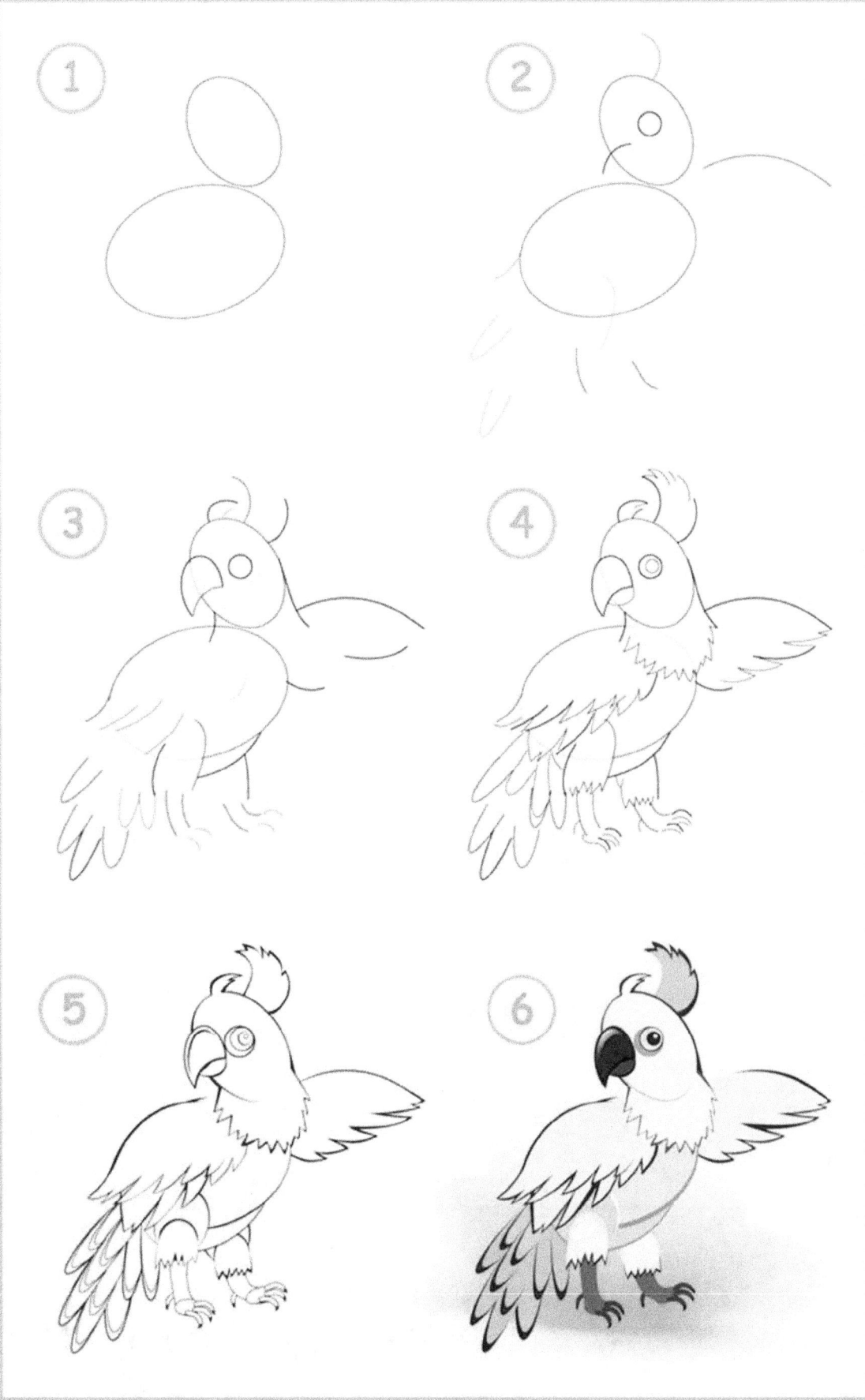

It's Time to Draw

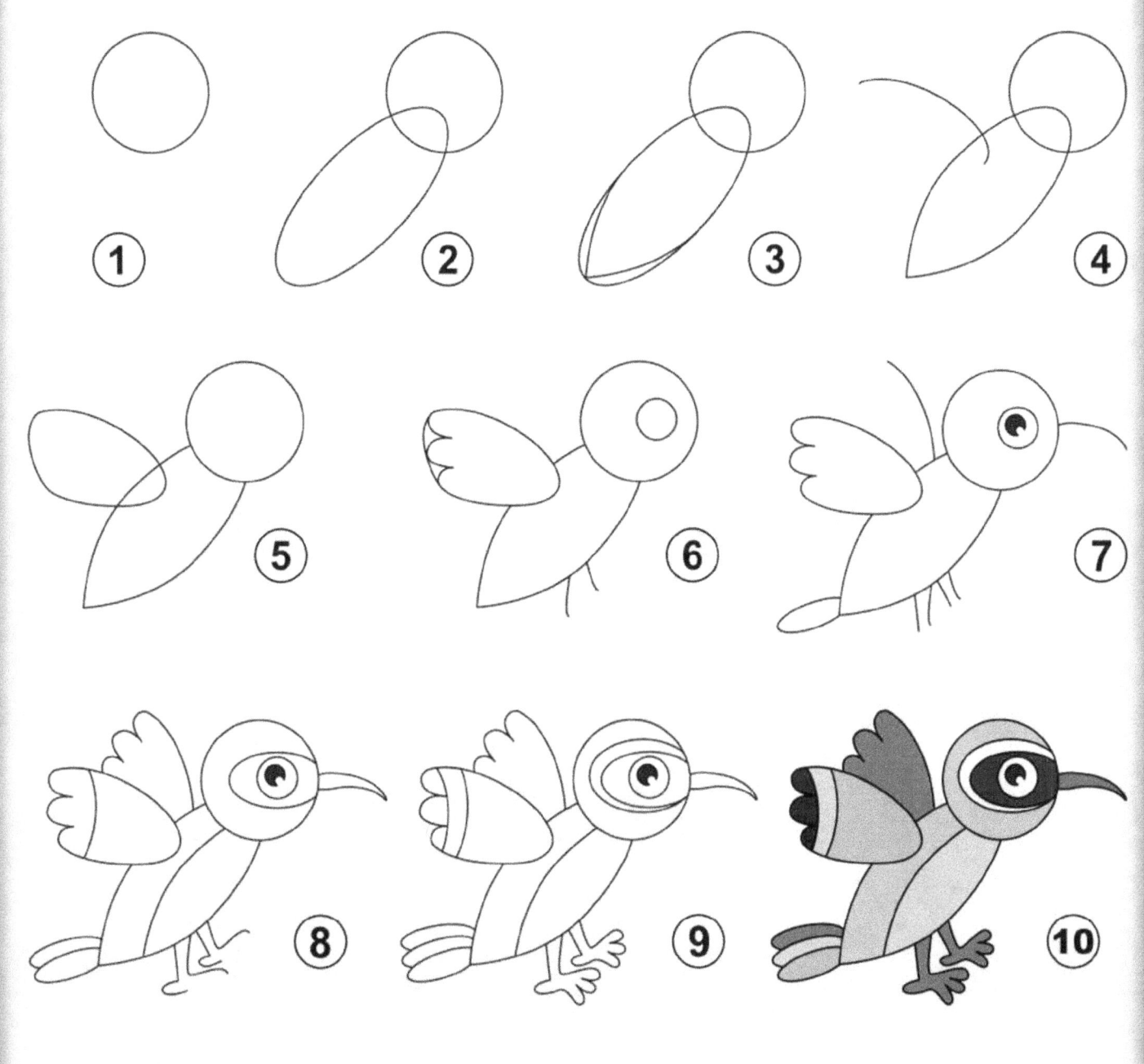

It's Time to Draw

Your Name

_____

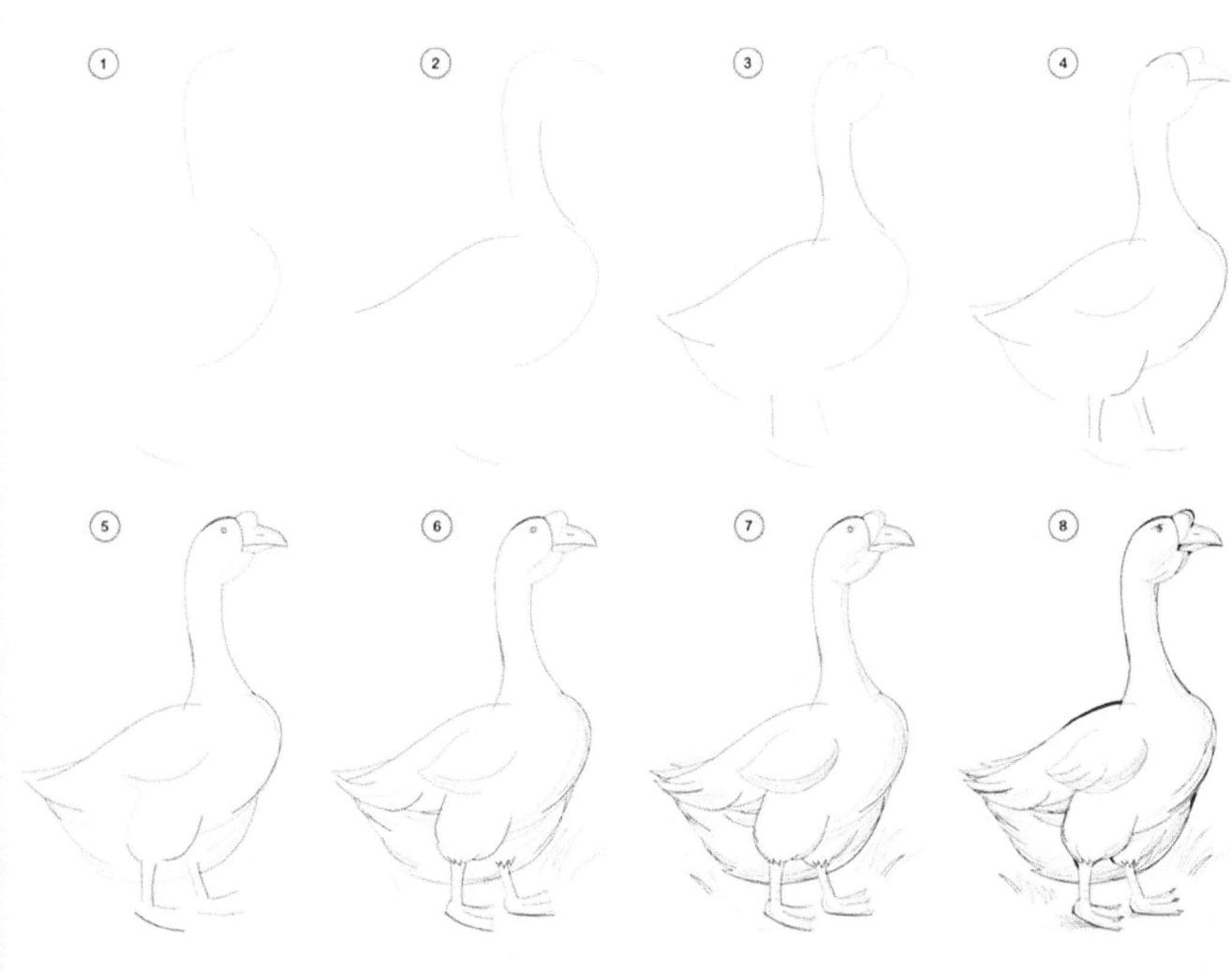

It's Time to Draw

Your Name

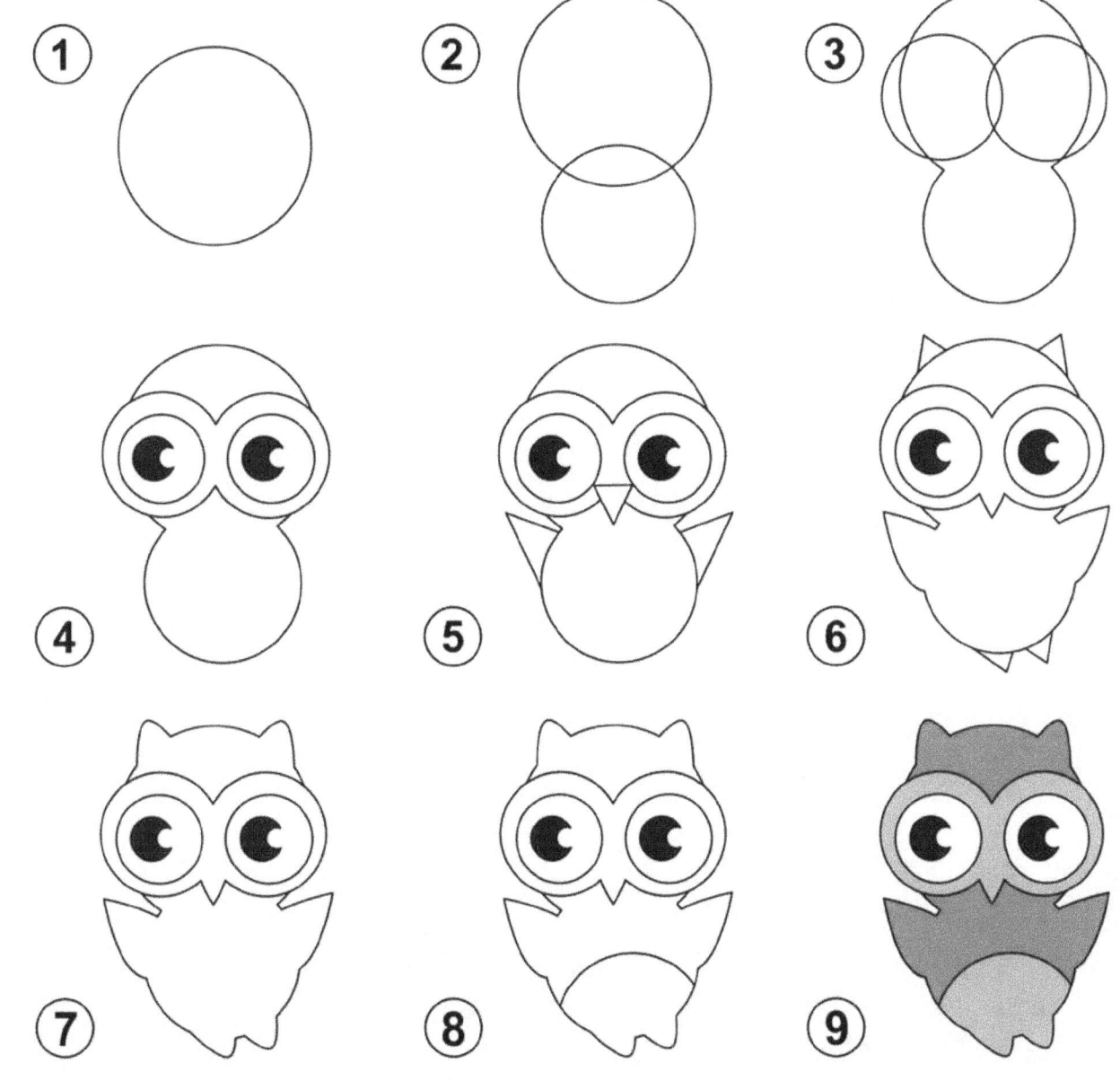

It's Time to Draw

Your Name

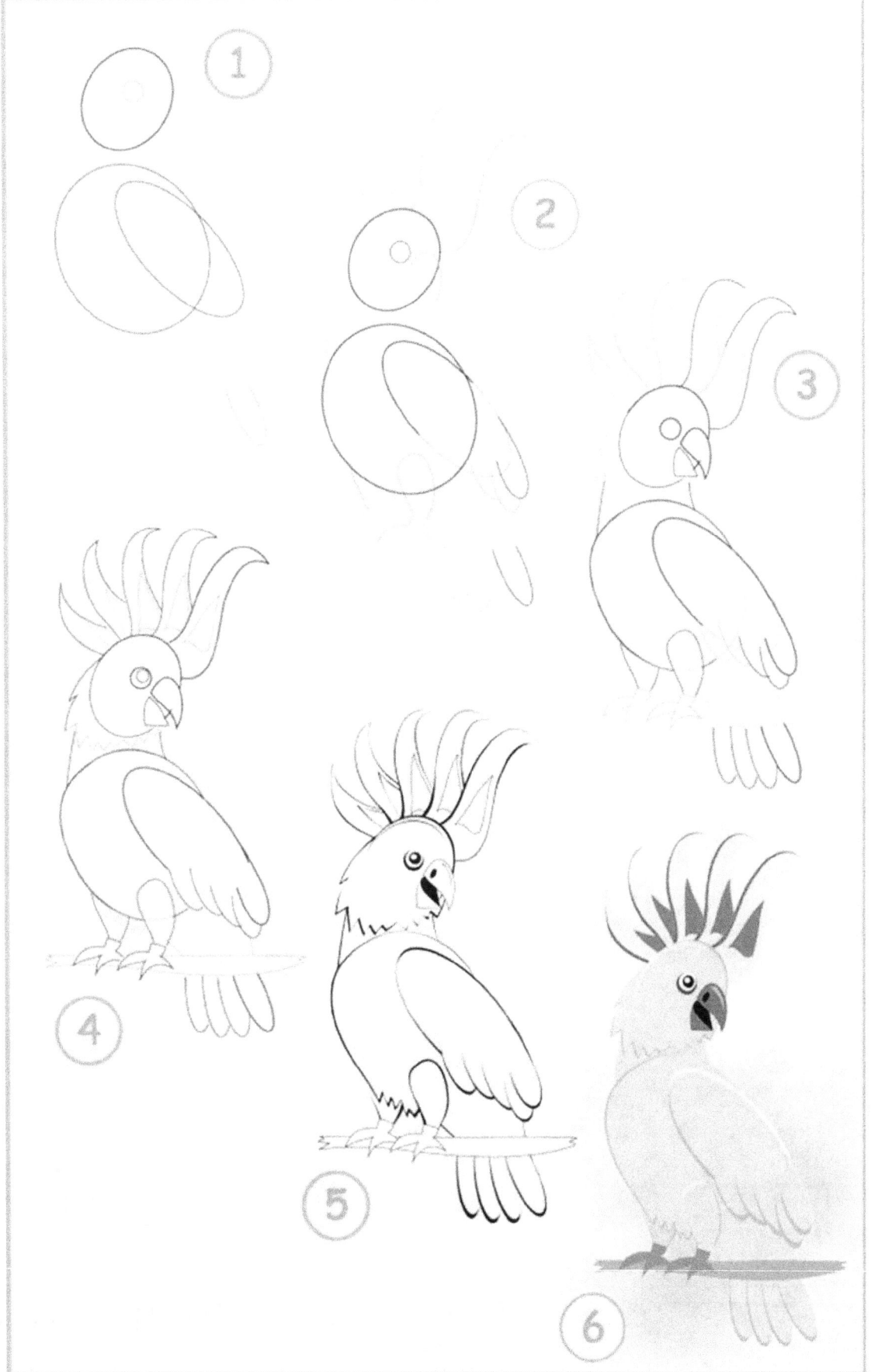

It's Time to Draw

Your Name
_____

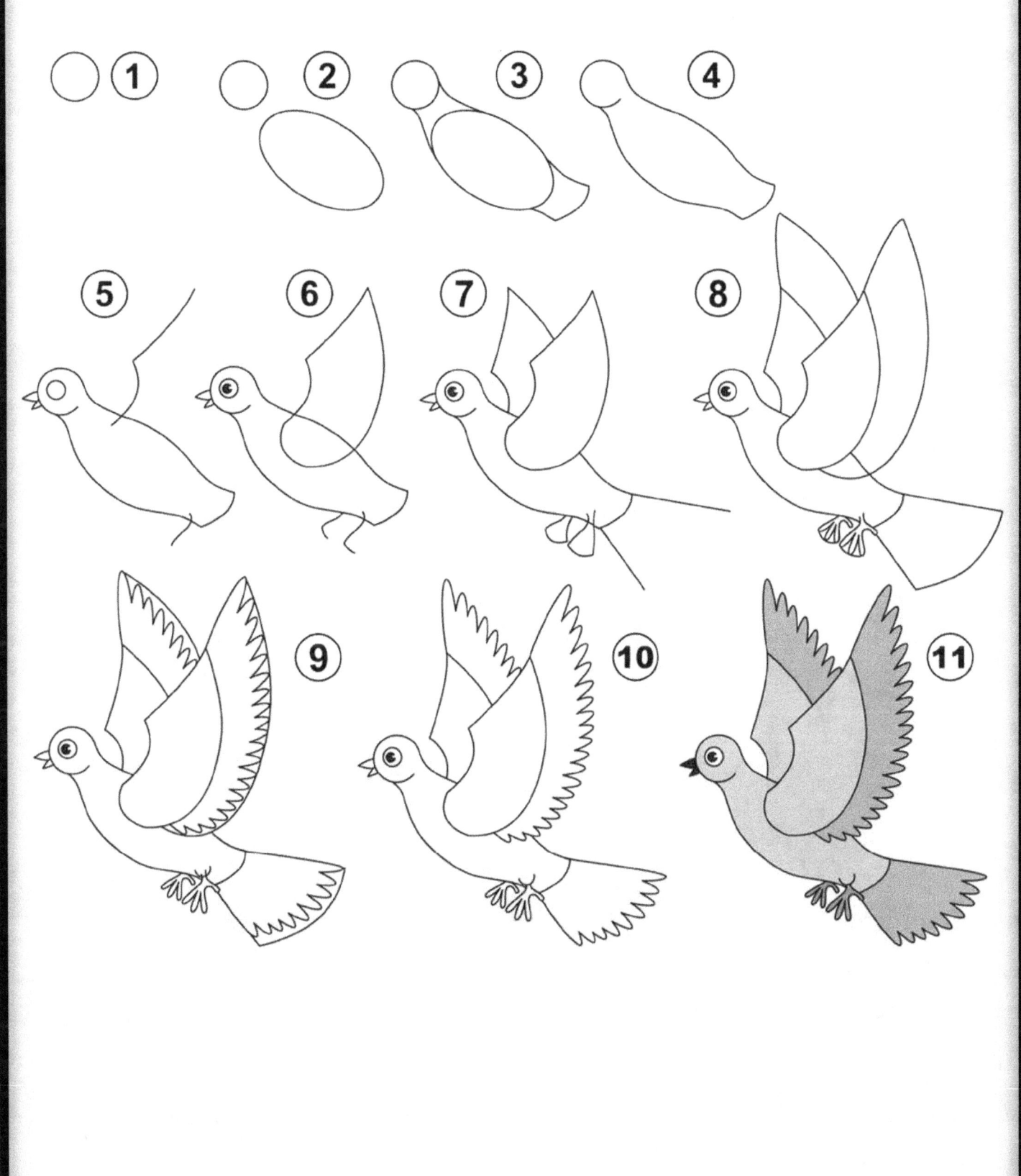

It's Time to Draw

Your Name
_____

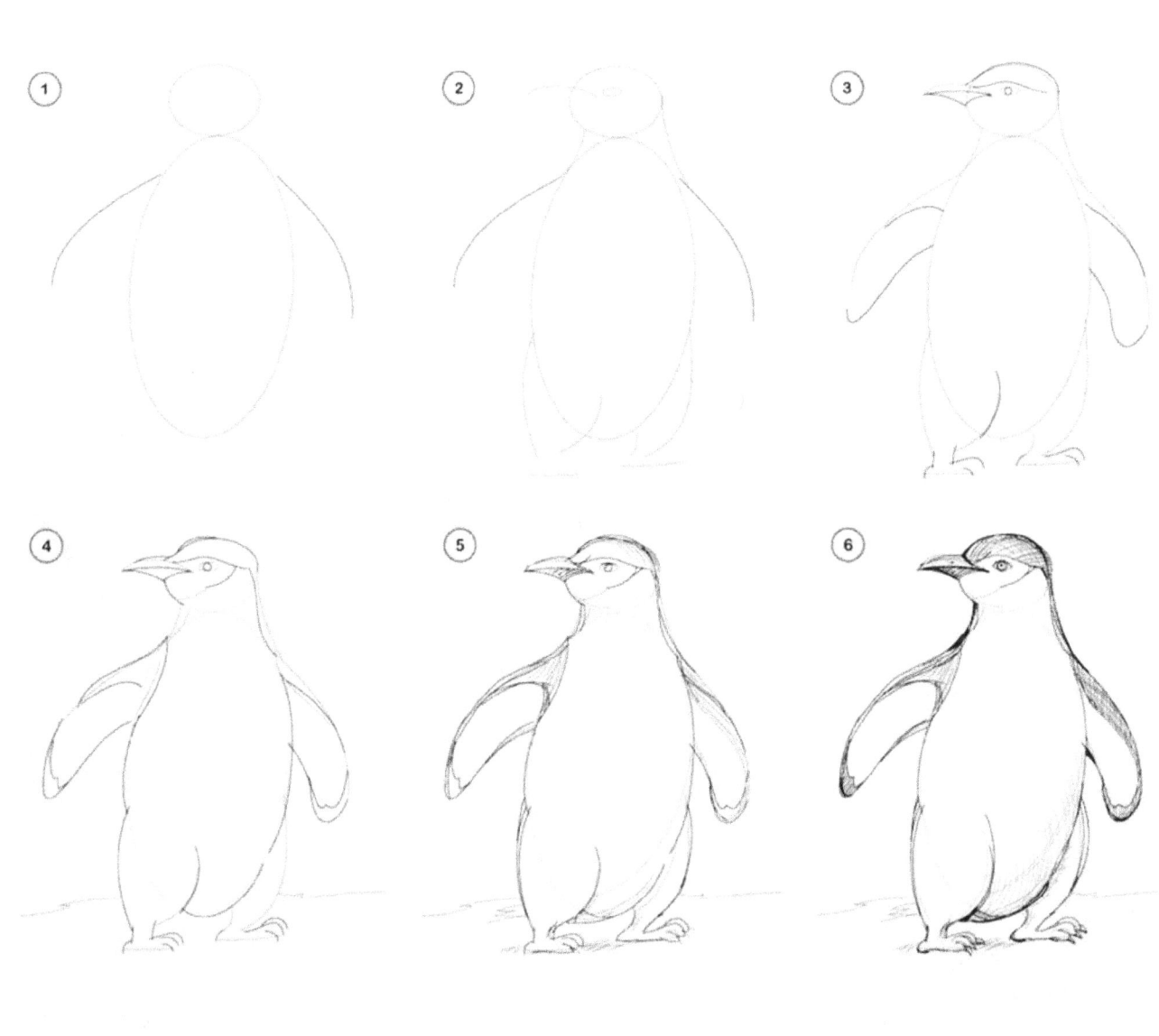

It's Time to Draw

Your Name
_____

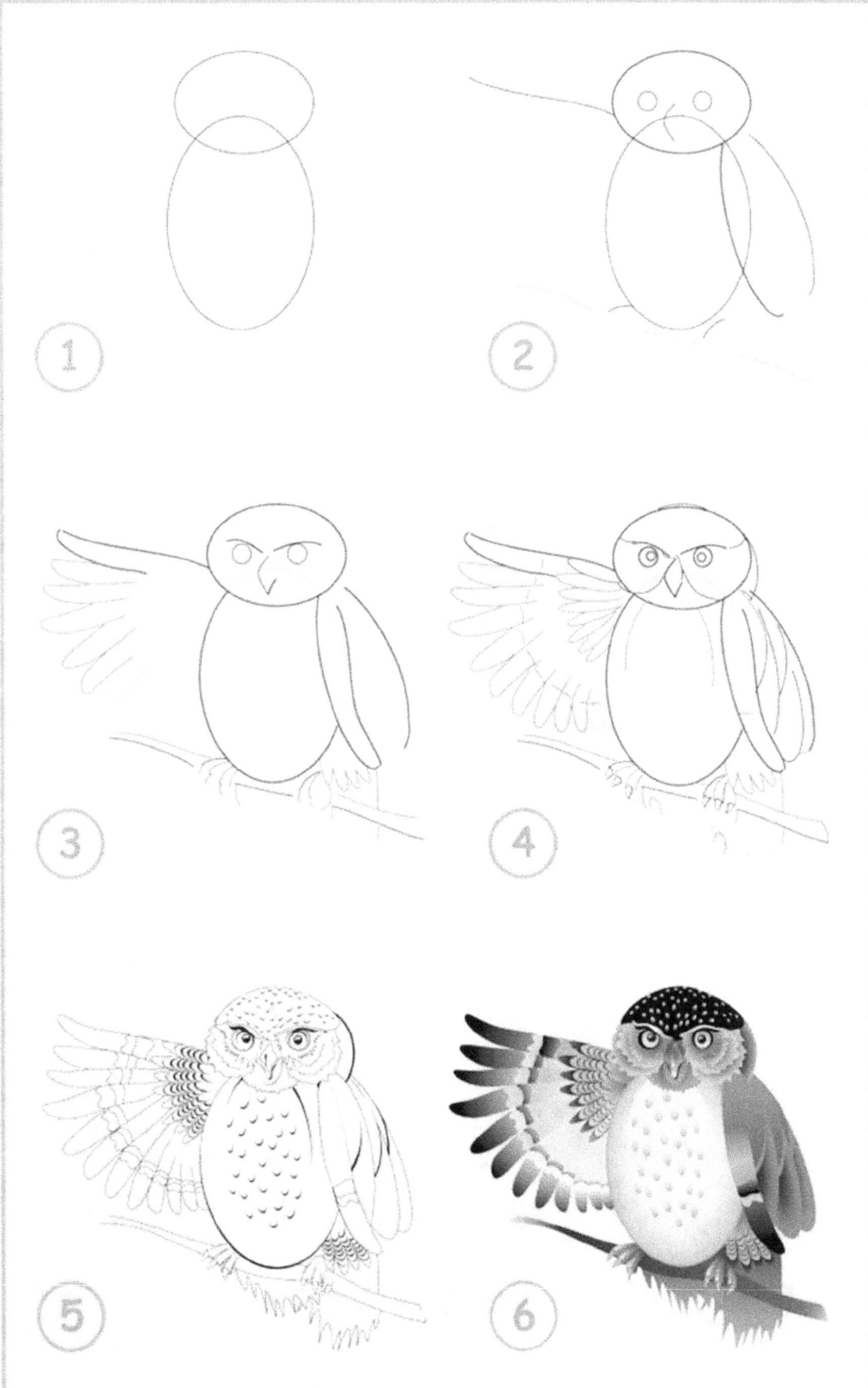

It's Time to Draw

Your Name

_____

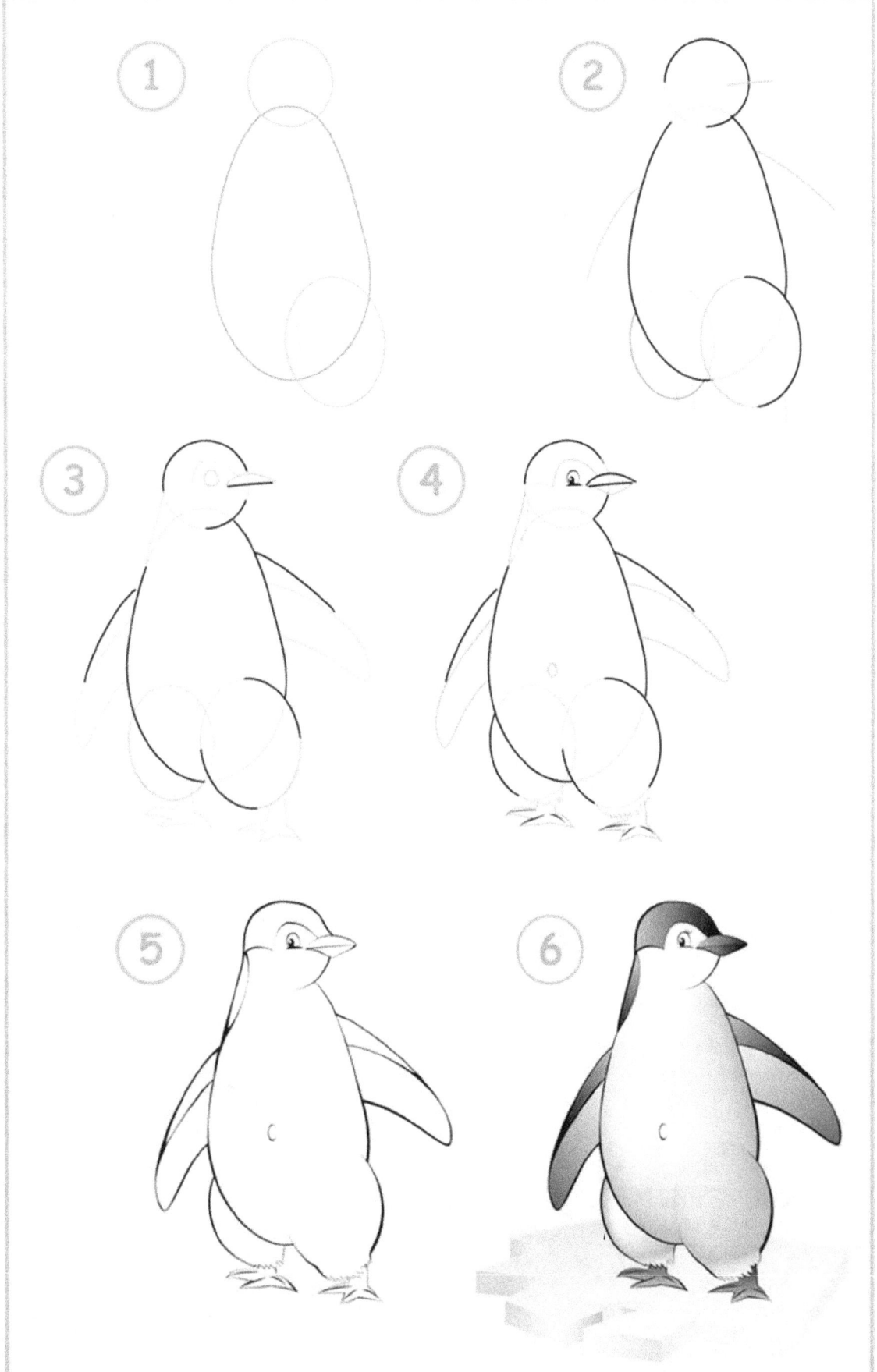

It's Time to Draw

Your Name

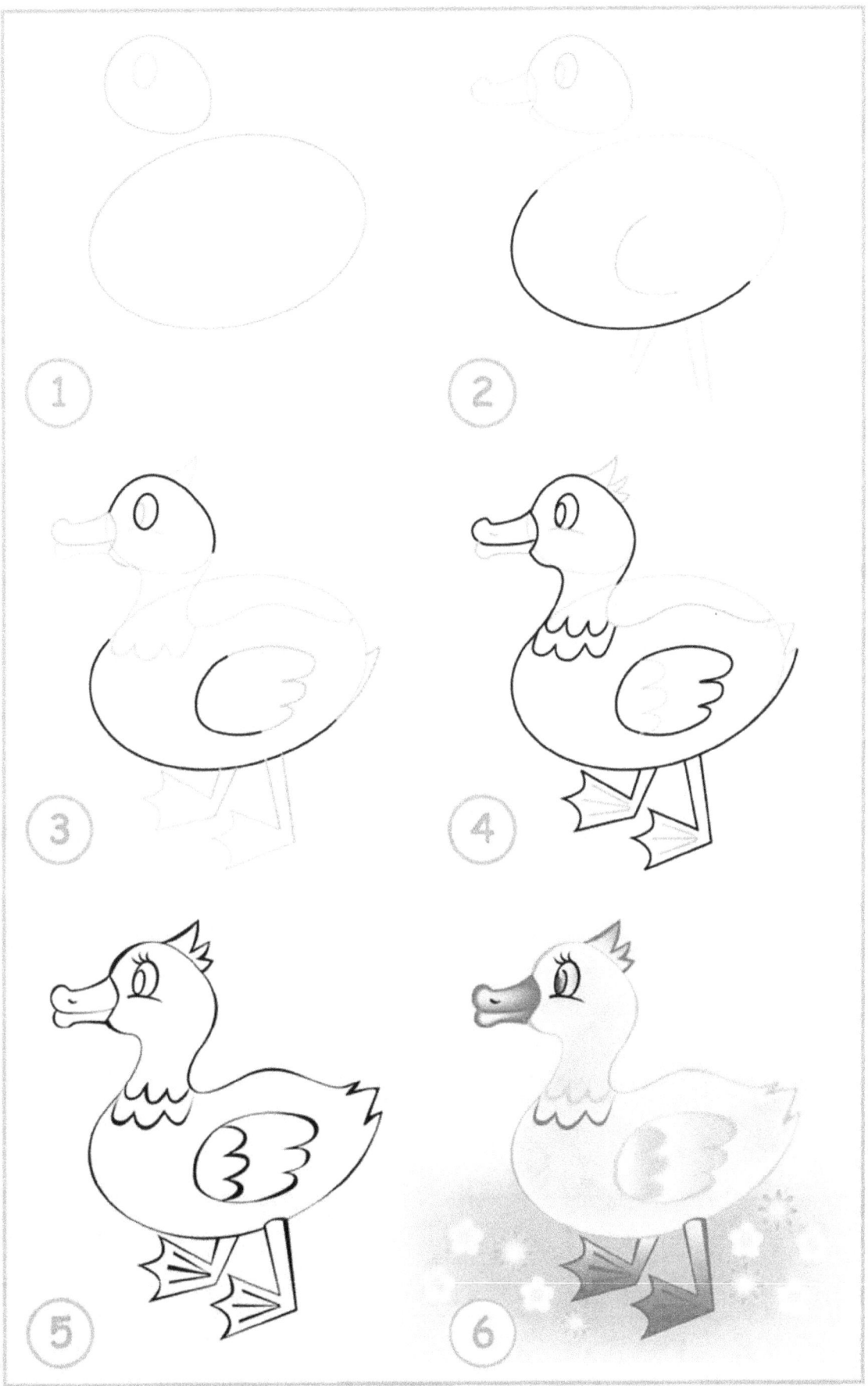

It's Time to Draw

Your Name